すぐに使える！おもしろい人の

ちょい足しトーク&雑談術

choitashi

桑山 元

日本実業出版社

CHOITASHI

お笑いコミュニケーション 5ヶ条

1 ボケを目指さず、ツッコミを学ぶ

2 スベった人と共犯者になって、一緒にスベってあげる

3 アドリブ力は連想ゲームで鍛える

4 7割で話して、3割で次の展開を考える

5 マウントをとられたら、気持ちよくとらせてあげる

はじめに

私は現在、話し方・伝え方を教える講師をしています。企業研修をしたり、講演会で話すこともあります。講師になる前は19年間お笑い芸人をしていました、ニュース専門のコントグループ「ザ・ニュースペーパー」のメンバーとして全国で公演していました。お笑い芸人からの完全なる転身かというと、そうでもなく現在でもお笑い芸人や俳優をしながら講師をしています。今風に言うと二刀流（三刀流？）ですね。

今でこそ話し方を教えていますが、かつては話下手で、いつも話題が豊富で話し上手な人に憧れていました。私が通っている床屋さんもまた、とても話題が豊富です。

「桑山さん、うちの前にある中野区の掲示板にＵＦＯを研究する会の告知が貼ってあるんですよ、中野区ってそういう掲示も認めるんですね」

「以前アラブ人の髭を整えたことがあるんですよ。我ながら良い出来だったんです。そしたら、口コミで広がって、やたらアラブ人が来るようになっちゃって」

「常連のドバイ人たちが湘南から1時間半もかけてこの床屋に来てくれるんですよ。街の床屋の周りの駐車場にポルシェやフェラーリが何台も停まってるのって異常ですよね」

「たぶん日本の床屋さんでラマダンのことをこんなに気にしてるの、私くらいじゃないかなぁ」

こんな感じで、とにかく面白い。そういえば、どこの床屋さんも話し上手ですよね。

私は床屋さんの雑談力に憧れていました。というのも、私はとてもドジで、おっちょこちょいで、忘れん坊なダメサラリーマンだったからです。

取引先を訪問してもうまく商談ができず、契約も取れませんでした。契約が取れないので毎日課長に2時間、個室に呼ばれて説教をされました。財務部門にいた時はうっかり60億円を違う口座に振り込んでしまったこともあります。

要領が悪いので、力を入れるべきところと力を抜くべきところがわからず、何日も徹夜して企画書を作り、過労で倒れて3週間入院しました。

おっちょこちょいで忘れん坊なのは今でも変わらず、「いってきまーす」と玄関を出てから、「あ、鍵を忘れた」「あ、携帯を忘れた」「あ、財布」「Ｓｕｉｃａ！！」と3〜4回は戻ってきます。

たまに**「桑山さんは舞台への夢が忘れられず、サラリーマンを辞めて芸能の世界に飛び込んだのですか？」と聞かれたりするのですが、全然そんなことはありません。あまりに出来が悪すぎて、会社にいられなくなって逃げるようにして辞めたのです。**

会社を辞めた私は、思い出作りのために声優養成所に入りました。そこで演技の面白さにハマり、必死で勉強しました。が、芝居は下手くそなままでした。

養成所と並行して習っていた朗読教室の先生が、ザ・ニュースペーパーへの入団を勧めてくれました。よくわからないまま面接を受け、見習いとして入れてもらいました。だから、お笑いに憧れて、一生懸命にお笑い芸人を目指したわけではなく、気づいたらなっていたのです。


ザ・ニュースペーパーというのはニュースをコントにするコント集団です。気づいたら

お笑い芸人になっていたのですから、当然のことながら笑わせ方がわかりません。「どうやったら、面白くなるのか？」「どう伝えれば笑ってもらえるのか？」を一生懸命に模索しました。小説家の先生に弟子入りしたり、ワークショップに通ったりもしました。迷走している時は、催眠術を習ったり、心理学やマーケティングの勉強もやりました。

元々笑わせる才能に恵まれていたわけではないので、先輩の色々な舞台やDVDを見て、観察して分析しました。おっちょこちょいで忘れん坊なので、自分で覚えておくために、分析した結果を言語化してストックしておきました。

そんな風にもがいているうちにコロナの時代に突入し、コロナで舞台が7ヶ月間全くなくなってしまったのです。何もやることがないので自分の人生を振り返りました。

パッとしない人生だったなぁ～とも思いながら、同時に「今なら、もう少しマシなサラリーマン生活を送れていたのになぁ」とも思いました。

自分自身と自分に与えられた役割の「演じ分け」、武田鉄矢さんの番組にレギュラー出演していた時に鍛えられた「フリートークの切り返し」、笑わせるための「視点のズラし方」、フリからオチまでの構成、舞台上での緊張感との付き合い方…。

これら、ほんのちょっとのコツを『ちょい足し』することをサラリーマン時代の私が

知っていたら、もっと楽に仕事ができたと思うし、もっと会社生活を楽しめたのになぁと感じました。

もしかしたら、かつての私と同じような状況で悩んでいる人がいるかもしれない。私の人生は巻き戻せないけど、その方たちの手助けはできるかもしれない。そんな思いで、この本を書きました。

通常、こういうコミュニケーションの本は「難しかったり」、高度すぎて、特殊すぎて「私には使えない」と感じたり、発声や滑舌など「長期間のトレーニング」を求められたりします。

でも、この本は違います。なぜ？　それはおっちょこちょいで忘れん坊な私ができた、ほんのちょっとのコツを『ちょい足し』するテクニックだから。すぐ使えますし、誰でもマネできます。

私はこの『ちょい足し』テクニックを積極的に使ってコミュニケーションをとり、農林水産省や東京証券取引所からも仕事を依頼されるまでになったのです。そして私が雑談の達人だと思っている床屋さんの協会から「雑談力の研修をして欲しい」と頼まれました。

雑談は意外に大事なスキルです。親しみや信頼を得る（ラポールを形成する）ために、雑談の貢献度は無視できません。ですから、この本では雑談にも随所で触れています。

イチから全く新しいものを作ろうと思ったら、そんな偉業は天才しかできません。でも、私たち凡人にも打てる手はあります。それが『ちょい足し』です。

今ある既存のものに『ちょい足し』。人はそれを改善と呼びます。今の自分の才能や経験値に『ちょい足し』。人はそれを成長と呼びます。『ちょい足し』で大丈夫。『ちょい足し』万歳！

でも、私は相変わらずおっちょこちょいで忘れん坊です。ただ以前とちょっと変わったことは、おっちょこちょいで忘れん坊な自分も愛せるようになりました。この本を読んで「話すって楽しい」「伝わるって気持ちいい」と実感して下さい。

そして自分のダメなところもネタにして、みんなを笑顔にさせるエピソードにまで昇華させて頂けたら、そしてそれを楽しんで頂けたら、もう子犬が「うれションン」するレベルでめちゃめちゃ嬉しい！

ホント、すみませんね。最後の最後でビシッと決まらなくて…（汗）。

CHOI TASHI
目次

すぐに使える! おもしろい人の「ちょい足し」トーク&雑談術
お笑い芸人・話し方講師の二刀流が教える 56の絶対ウケる法則

第1章

あっ、それオイシイ!【芸人流つかみ】の法則

第2章

お笑い芸人的【緊張とのうまい付き合い方】

第3章

神速で相手の懐に飛び込め！【ツッコミ活用法】Season1

第4章

神速で相手の懐に飛び込め！【ツッコミ活用法】Season 2

第5章

好感度が爆上がりの【盛り気味リアクション】

第6章

使いこなすと天下無敵の【超アドリブ力】

第7章

話しながら考える【アジャイルトーク術】

第8章

刺さる【キャッチーな造語】の作成テクニック

第9章 別れ際に【爪痕を残す】エレベーター前の一言

第10章

“おやっ”と気になる！【ニュースの切り取り方】

第11章

MC芸人が使う、ちょうどいい【まわす力】［ファシリテーション力］

第12章

相手の下にスッともぐる【コメディア・デラルテ的】ポジション

第13章

絶対にやってはいけない！【勘違いトーク】

本文デザインDTP／初見弘一
カバーデザイン／萩原 睦（志岐デザイン事務所）
カバー・本文イラスト／横井智美
編集協力／本多一美

第1章

あっ、それオイシイ！【芸人流つかみ】の法則

CHOI 1 TASHI

寄席の高座で発見！「丁寧、誠実で好感度UP」

「第一印象の効果」として「しっかりしてる、丁寧、誠実」という良い印象を持ってもらえると、会話のハードルが自然と下がり、相手は会話を楽しみ、聞いてもらえる

私が所属していたザ・ニュースペーパーは落語芸術協会の協会員でしたので、私も寄席の高座に上がらせて頂くことがありました。その日、私はネタに全然自信がありませんでした。お客さんは毎日変わるので、日によってウケがいい日と、笑いの反応がウスい日が出てきます。その日は、反応がウスい、お笑い用語でいう「重い日」でした。

この日もウソニュースのネタをやることは決まっていたものの、何のニュースをやればウケるのかが読めません。最新のニュースを放り込むと鮮度が良く、笑いに繋がりやすい反面、そのニュースをお客さんが知らないと、客席の雰囲気が一気にポカーンとなっちゃうんです。

パルムドール賞を受賞した是枝監督の映画『万引き家族』に影響され、韓国で新たな映画が製作されることになりました。主演は、大韓航空の一家、ナッツ姫、水かけ姫、パワハラ母さん、横領父さんで、タイトルは『ドン引き家族』だそうです。

原発再稼働に向けて朗報です。原発で万が一、事故が起こった場合を想定して、現場処理用の高性能ロボットが開発されました。昨日行われたスターティング・セレモニーでは、初めて起動したロボット20体に、研究員によって任務と現場での注意点が説明されると、ロボットたちは搭載されたスーパー人工知能で即座にこれを理解し、全員がすぐに辞職願を提出したということです。

当時、最新だった大韓航空の不祥事ネタで行くか、定番の原発ネタで行くか。高座に上がってお辞儀をする時になっても、まだ決まりません。

どうするか…？

いつもより長いお辞儀でした。おそらく3秒位はお辞儀をしていたのではないでしょうか。顔を上げて最新のニュースネタから始めると、今までの空気がウソのようにウケました。不思議に思い、その後もお辞儀の時間を変えて実験してみました。すると、**長く深々と丁寧にお辞儀をするほうがウケがいい**ということに気づきました。

何でだろう？　考えた結果、これは「第一印象の効果」だろうという結論に至りました。第一印象で「しっかりしてる」「丁寧」「誠実」という印象を与えると笑いのハードルが低くなるのです。

これは寄席に限ったことではありません。日常会話でも同じことがいえます。第一印象で「しっかりしてる」「丁寧」「誠実」という印象を与えると、特段面白い話題を振らなくても、相手は会話を楽しんでくれます。**会話のハードルが自然と下がるのです。**

逆にやりがちなミスとして、これと真逆のことをやる方がいます。場の空気を変えるには、熱意と勢いが大事！ とばかりに、テンションを上げまくってスタートする人です。最初からキャラを作って、押し通そうとする方もたまに見かけます。

きっとお笑いの番組などで、芸人がテンション高くひな壇からツッコンだり、キャラがある芸人の登場シーンでつかみが成功しているのを見ているからなのでしょう。

しかし、**これを日常生活でやると失敗します。**初対面の人の前なら100%スベります。温度差がありすぎるからです。テレビ番組は出演者全員が割とテンションを上げて収録に臨んでいます。観客もしかりです。だから温度差があまりないのです。

日常会話では、最初はスローペースで静かに話し始めるほうが、相手に聞いてもらえます。面白さとは真逆に思えますが、**最初に丁寧に堅く、静かに話し始めるほうが、聞いてもらえるという意味でも面白さの伸びしろを確保する意味でもお得なのです。**

CHOI **2** TASHI

天気の話に頼らない「ニュースの話でアイスブレイク」

アイスブレイクの役割は、次の会話への助走。ニュースを共通の話題にして相手との距離を縮めて、共感すると会話が成立する

会話をする時の第一声ってどうしていますか？　「今日も暑いですねぇ」と天気の話から始めてますか？　それ、相手から飽きられてませんか？　それとも「最近、どうですか？」と語りかけてますか？　それ、相手を困らせてませんか？

会話の出だしって難しいですよね。この出だしのことを**アイスブレイク**といいます。場の緊張や空気を和らげるイメージを氷が溶ける様子にたとえた言葉ですね。

アイスブレイクとして使える言葉として「木戸に立てかけし衣食住」というものがあります。「季節」「道楽（趣味）」「ニュース」「旅」「天気」「家族」「健康」「仕事」「衣服」「食事」「住まい」のそれぞれの頭文字をとったものです。

ビジネスパーソンがこの中で注目するのはニュースです。趣味の話はウケがいい反面、こちらが相手の趣味に興味がないと回数を重ねるごとにだんだん会話が続かなくなります。

その点、ニュースは便利です。何といっても、こちらがネタを探したり、調べたりしなくても、新聞やテレビ、ネットなどで向こうから情報を提供してくれます。

現代は多様性の時代。テレビ自体を見ない人も増えていますが、**ニュースを全く知らな**

い人というのは本当に少ないのです。

人によってニュースを見る目的は様々だと思いますが、「ニュースを全く知らないと恥ずかしい」と感じている人も多いのではないでしょうか。

多くの人が何らかの形でニュースを見ているということは「共通の話題」になり得るということです。**共通の話題があると、お互いの距離がぐっと縮まります。**応援している野球チームが一緒とか、好きなアーティストが同じ人とはすぐ仲良くなれますよね。

アイスブレイクにニュースを選んだ人がたまに犯す間違いがあります。それは悲惨なニュースや死傷者が多数出たなど、人の命に関わるようなニュースを話題にしてしまうことです。私はそんなに無神経じゃないって思いました？

震災での死傷者数など、大規模だったことの裏付けとして、つい話題に出したことはありませんか。大雨被害での行方不明者の話は？　コロナの感染者数や死者数は？

もちろん、これらの話題が出たら即アウトというわけではありません。相手と一緒に共感して会話が成立することもあるでしょう。しかし一方で、話題にした事件や事故に相手の家族や親戚などが巻き込まれている可能性だってゼロではありません。話題にした後で「すみません、そんなつもりじゃ…」といっても後の祭り。どうすることもできません。

さらにニュースを話題にすることに慣れてくると、より刺激的な話題にしないと、相手に響かないのではないかと不安になることがあります。その勘違いから、一線を越えた話題や発言に踏み込んでしまうケースもあります。

私もコントでニュースネタを担当していたので、日常会話でも、つい色々試し撃ちしてしまい、何度も失敗しました。そもそも**アイスブレイクの目的は場の雰囲気を和ませること**。そこであえて悲惨なニュースを話題に出すのはリスク以外の何物でもありません。

アイスブレイクの役割は次の会話への助走。氷を溶かすのは暖かい陽の光であって、炎上では溶けません。……ほら、暗い話題の後に無理やり明るい方向に持っていこうとすると変な空気になるでしょ？

こういうことです。私が身をもってあえて証明したんですよ。ホントですよ！

CHOI 3 TASHI

接続詞を活用する!「高級レストランメソッド」

逆接の接続詞には注意する。順接の接続詞は違和感を感じにくく使いこなせると、マイナス面も含め肯定的に捉(とら)えやすくなる

「この前行ったレストランって、高かったけど美味しかったよね」
「この前行ったレストランって、美味しかったけど高かったよね」

この2つの会話を比べてみて、どんな風に感じましたか？　印象の違いをちょっと考えてみて下さい。

「高かったけど美味しかった」といわれれば、高い料金に見合った美味しい料理が提供されたという感想に聞こえます。逆に、「美味しかったけど高かった」といわれると、それなりには美味しかったけど、料金に見合うかといわれれば満足度は低いという風に聞こえてしまいます。

「けど」や「でも」「しかし」といった逆説の接続詞は、語順が後ろに来た文章を強調する働きがあります。いわれてみれば、国語の時間に習ったような気がしますよね。

こんな基本的なことは、みんな知っています。知っているのに、意識せずに使ってミスしてしまうんです。え？　ミスしたことなんかない？

「田中さんが作ってくれた書類って、本当に丁寧だけど時間がかかっちゃうよね」

どうです？　あ、いわれてみれば、気づかないうちに私もやっちゃってるかも…って、ドキッとしませんでしたか？

じゃあ、何故こんなことが起こるのか？　それは思い付いたことから、言葉にしていくからです。田中さんに感謝していて、日頃のお礼をいおうと思った時に出てきた言葉が、「本当に丁寧」だったわけです。その後に、ちょっと気恥ずかしくなって、**つい逆のことを言ってバランスをとろうとしてしまいます**。逆説の接続詞の罠にはまったケースです。

では、どうすればいいのか？　「逆説の罠」という言葉を思い出せばいいのです。ただ、それだけ。そんなに都合良く思い出せるのかって？　そんな人は普段から**「今の会話、順番入れ替えたらどうなるかな？」って考えるゲーム**をしてみて下さい。入れ替えても、ほとんど意味や印象が変わらない場合もあるし、ガラッと変わる場合もあります。

「面白いけど深い」「深いけど面白い」。これはほとんど変わりませんよね。「優しいけど目が笑ってない」「目が笑ってないけど優しい」。これは微妙にニュアンスが変わってきます。こんな風にして遊んでいると、**順番を一瞬考えてから言葉を口にする習慣**が身に付きます。

さらに一番いいのは、逆接の接続詞ではなく、**順接の接続詞の達人**になることです。「だから」「なので」「そのため」などです。「だからこそ」も使い勝手が良くてお勧めです。

「この前行ったレストランって、美味しかったから、高かったよね」
「田中さんが作ってくれた書類って、本当に丁寧だから、時間がかかっちゃうよね」

いかがでしょうか?
実は逆接の接続詞は本能的に違和感や危機感を感じさせやすいのです。逆に**順接の接続詞は、違和感を感じさせません。**
あまり知られてはいませんが、**催眠術の暗示文は順接の接続詞が多用**されています。

「あなたは目がしばしばしてくる。しばしばしてくるので瞼(まぶた)が重くなる。瞼が重くなるので目が段々閉じていく。目が閉じていくのでもう私の言葉しか聞こえなくなる」

冷静に考えると、目がしばしばしてくることと瞼が重くなることに因果関係はありませ

ん。目が閉じるのと私の言葉しか聞こえないことも同様に因果関係はありません。でも、何故かわからないけど**妙に筋が通っているような気持ち**になりませんか？

「おたくの商品は物は良いんだけど、高いんだよね」といわれてシュンとしてしまうあなた！　ぜひ、語順を入れ替える**高級レストランメソッド**を身に付けて下さい。そして、できれば順接の達人になって下さい。

A「おたくの商品のクオリティはいいんだけど、高いんだよね」

B「そうなんですよ。うちの商品はクオリティがいいから、高いんです。このクオリティの良さをぜひ実感して下さい」

逆接の接続詞
桑山さんていい人だけどおっちょこちょいだよね
えっ
はぁ…まあね……
語順の入れ替え
桑山さんはおっちょこちょいだけどいい人だよね
♪
へへっそうすか？
順接の接続詞
桑山さんはいい人だからおっちょこちょいだよね
へっ？
あれれ？何か意味不明になっちゃった
確かにオレはおっちょこちょいだし
順接にはなってるけど…
言葉のチョイスがね～

第2章

お笑い芸人的【緊張とのうまい付き合い方】

CHOI 1 TASHI

緊張を解きほぐす時「深呼吸はダメダメ？」

「緊張している状態が通常」だと考える。また緊張しているのは自分ではなく「緊張している役」を演じていると思えばダメージは受けなくなる

私はかなりの「緊張しい」です。舞台の開演前になると、動物園の熊のようにぐるぐる歩き回ったり、そわそわします。出番の30分前から衣装を着こみ、共演者に「早いよっ！」とツッコマレルのは恒例の行事となっています。

それなのに、「**あんなに大勢の前で緊張しないんですか？**」「**人前であがらないコツを教えて下さい**」、とよく聞かれます。そんな方法があるのなら、こっちが知りたいわ！（泣）緊張でガッチガチでは使い物にならないので色々な方法を試しました。

まずは**深呼吸**。深く呼吸をすることで、呼吸を安定させ、酸素を豊富に取り込んでリラックスする方法です。でも、緊張で身体がガッチガチになっている状態では、どう頑張っても呼吸は深くなりません。その結果、「これで合っているのかな？」「全然リラックスできている気がしないんだけど…」とかえって焦ります。

ストレッチも同様です。ガッチガチの状態で一生懸命に身体をほぐそうとしてもうまくいきません。考えてみれば当然です。「一生懸命に」「頑張って」リラックスしようとしている時点で矛盾が生じているのですから。歯を食いしばって脱力するようなものです。

では、桑山はどうしたのか？　えっと…諦めました。ずっこけた人、イラっと来た人、ごめんなさい！　でも、もう少し話を聞いて下さい。

「緊張をしない方法」や「緊張を解く方法」を考えるのではなく、「人前で話す時は**緊張している状態がデフォルト（通常）**」だと考えるのです。

例えば、私が舞台で田中という役を演じるとします。その時に緊張してしまったら、その田中を「いつも緊張している人」という設定にしてしまうのです。桑山が緊張しているのではなく、桑山は「**緊張しやすい性格の田中という役を演じている**」のです。さらにそこまで開き直ってしまえば違う効果も生まれます。

私は研修講師として、様々な企業でプレゼンテーションの研修を行なっています。

受講生が人前で発表する時には、2割程度声を張ったほうが、勢いや熱意が伝わります。だったら、いっぱいいっぱいになっている緊張感のエネルギーを、2割増しの「勢い」や「熱意」に変換してしまいましょう。

発表者である自分が緊張しているのではなく、緊張している発表者を演じていると思えばいいのです。自分が緊張していることを知られると、ものすごく恥ずかしくなります。しかし自分ではない「演じている役の人」の緊張が知られたところで**大してダメージは受けません。**

A「さっきのプレゼン、かなり緊張していたね」
B「え？　あぁ…やっぱりわかっちゃいますよね」

A「さっきのプレゼン、かなり緊張していたね」
B「ありがとうございます。そう見えたのなら成功です」

それはそうでしょ。だって演技プラン通りなんですから。

CHOI 2 TASHI

緊張でろれつが回らない時の簡単滑舌術「小泉純一郎トーク」

滑舌の練習をする必要がないことがポイント。噛みそうな言葉や緊張を感じた時、意識して話す速度を落としてみる

人前で話す時に緊張して困ることの一つにろれつが回らない問題があります。口がついてこない状態ですね。この解消法はいたってシンプルです。ゆっくり話せばいいのです。とはいえ、話の途中で急にスピードを落として、ゆっくり話し出すと、とても違和感がありま す。そして、ほとんどの人はこれを「カッコ悪い」と感じるはず。**「カッコ悪い」と感じてしまうと、「恥ずかしい」という感情に繋がって、緊張を誘発してしまいます。**緊張の負の連鎖の始まりです。

では、「カッコ悪い」と感じることなく、違和感もあまり感じさせずにろれつ問題を回避する方法はないのでしょうか？　あるんです！　それが「小泉純一郎トーク」です。

ご存じだと思いますが小泉純一郎さんは２００１年から２００６年まで内閣総理大臣を務めた政治家です。当時は「小泉旋風」「小泉チルドレン」という言葉まで生まれ、内閣支持率も最高87・1％（読売新聞調べ）という驚異の数字を叩き出した人気総理でした。

小泉元首相を語る上で外せない言葉の一つに、「**はぐらかし**」という言葉があります。

普段はショートセンテンスを駆使して、勢いを前面に押し出して話す小泉元首相。しかし、少し都合が悪い場面になると、**訥々（とつとつ）と、とても深い意味があるようにニュアンスを込**

めて話します。言語明瞭意味不明。この話し方は小泉進次郎さんにも受け継がれていそうですね。

この話し方は使えます。**噛みそうな言葉や、緊張で口が回らなくなるなと感じた時は、速度を落とすのです。そして、この時に「とても重要なことをこれから話すよ」というようなニュアンスを込めるのです。**

私自身も決して滑舌が良いわけではありません。早口言葉は大の苦手。ところが意外なことに、「桑山さんは滑舌もいいし、歯切れが良いですね」と褒めて頂くことがあります。

はっきり言っておきます。完全に勘違いです！　本人が言うのだから間違いありません。では、何故そんな素敵な勘違いが起きるのでしょうか。その秘密は、この「小泉純一郎トーク」を使ってズルをしているからです。

「私の好きなアイドルは、きゃりーぱみゅぱみゅです」

こんな台詞、私は通常速度では絶対に言えません。「きゃりーぱむぱむでふ」となってしまうのが目に見えています。そんな時こそ「小泉純一郎トーク」の出番です！　少しもったいぶった感じのニュアンスを込めて、こんな感じで言います。

「私の好きなアイドル、それは、かつて一世を風靡した…（さも大事なことを言うように、もったいぶって、ゆっくりと）きゃりー…ぱみゅ、ぱみゅ、です」

コツは**一語一語嚙みしめるように言う**ことです。一語一語嚙みしめるように話すと、妙な説得力が出るのです。ちょっとニヤリと笑ってから言ってもいいかもしれません。

この「小泉純一郎トーク」の素晴らしいところは、「滑舌の練習をする必要がない」ことです。

アナウンサーや役者を目指さなければ、スピーチやプレゼンのためにわざわざ滑舌を特訓する必要はありません。滑舌の特訓に使う時間があるのなら、スピーチやプレゼンの内容を吟味する時間に当てたほうが、よほどいいプレゼンができます。

時短にもなるズルテク「小泉純一郎トーク」。その効果は私が身をもって実証済みです。

CHOI 3 TASHI

自分が見られている時、実は！「ニーチェ的逆転法」

見られていると思うと緊張する。緊張とは感情。感情は変えられないが、行動は変えられる。「見られている側」から「見ている側」になる

動物園の動物たちが体調を崩す原因の上位に、怪我や病気だけではなくストレスもあるそうです。しかも〝見られている〟ストレス。**動物でさえストレスで体調を崩すのです。人間が見られて緊張するのは当たり前。**

じゃあ、どうすれば緊張しないのか？　結論から申し上げます。**「見られている」と思うから緊張するのです。「見られている」側から「見ている」側になればいいのです。**

いやいや、そんなに簡単にできないでしょ！　そんなことができないから、苦労してるんだろ！　と怒られそうですね。

ところが、そうではないのです。「緊張している」は感じ方、つまり感情なのです。確かに感情を瞬時に変化させるのは至難の業ですが、方法はあります。

私が講師の師匠と仰いでいる大谷由里子さんの講演ネタにこんなものがあります。

「それでは、皆さん、隣の人と目を合わせて下さい。次に、その目を合わせた人と恋愛して下さい。…できませんよね？　今、何が起こったかというと、目を合わせるというのは行動。これはすぐできましたね？　でも、恋愛というのは感情。これはすぐにはできませんよね。つまり感情は変えられないけど、行動は変えられるんです」

もう一度振り返ると、「緊張している」のは感情です。一方、「見る」というのは行動です。〝見よう〟と思えば、意志の力で「見る」という行動は起こせるのです。

この時のコツは、見ることに集中することです。漫然と見るのではなく、注意深く観察するというイメージです。

目の前の作業に没頭すれば、余計な感情（緊張）が入り込む余地は限りなくゼロに近づきます。「お葬式の理論」ですね。葬儀の際に何故あれほどまでにやることが細々と決められているのかといえば、しきたり（タスク）をたくさん設定することによって悲しみから一時でも逃れようとする、先人の知恵なんです。

では、どうすれば自然に観察できるようになるかというと、まずは**話しかける人を1人にする**こと。え？　大勢の前で話すのに、1人だけに話しかけたら他の人には伝わらないんじゃない？

ところが、そうではないんです。むしろ逆です。例えば『徹子の部屋』などゲストを招いて行うトーク番組では通常はカメラ目線ではなく、ゲストのほうを向いて話していますよね。だからといって、我々視聴者と目が合っていないから話が入ってこないということはありません。

逆に終始カメラ目線をしている代表例が『政見放送』。彼ら彼女らの話はダイレクトに伝わってきますか？　ね、そういうことなんです。**目線が合っているのと伝わることはイコールではないのです。**

では何故、トーク番組は目線が合っていない視聴者に話が伝わるのに、目線が合っている政見放送の多くは話が伝わってこないのでしょうか。

それはトーク番組が「会話」として成立しているからです。コミュニケーションとして成り立っているから、話している内容を受け取りやすいのです。政見放送は多くの場合、カメラに向かって1人で淡々と話しています。こういう場合はコミュニケーションとして成立しづらいのです。

1人に話しかけるのは「会話」と同じです。大勢を前に話すより緊張もしないし、聞き手の表情や態度がわかります。聞き手の様子がわかると、自然に間が作れますし、伝えようという熱意が湧き上がります。

「この人にわかってもらおう」と思えば、必然的にその人の様子を観察せざるを得なくなります。つまり聞き手の観察に自然と集中できるのです。観察に集中することができれば、他のノイズ（緊張）が入り込みにくくなるのです。

これはスピーチやプレゼン以外でも全く同じことです。試しに面接試験でもやってみてください。

え？　それでもし緊張したら？　そんな私を緊張させるようなこと、言わないで下さいよぉ〜。

第3章

神速で相手の懐に飛び込め！【ツッコミ活用法】

Season 1

CHOI 1 TASHI

「ボケ」は才能9割、「ツッコミ」は練習9割

ボケとは常識の外側にあるもので、天才の領域。一方ツッコミはリアクションがベースなので、何となくのパターンが存在し練習が可能

19年間お笑い芸人をやってきて、現在は話し方講師もしています。私の経歴を聞いた方からの要望で「教えて欲しいこと」の中で一番多いのは何だと思いますか？　それは「どうしたら笑いがとれる話ができるか？」です。

その要望をよくよく聞いてみると、「お笑い芸人のように爆笑がとれる話し方を学びたい」というものがほとんどです。言ってみればボケの部分です。それだけ「お笑い＝ボケ」の印象が強いのでしょう。実際、ボケは花形でもあり、目立つのも確かですから、皆さんのお気持ちはわかります。

ですが、ここで考えて頂きたいのが「ボケ」の定義です。ボケというのは、通常の行動や会話の中で、意図的に間違えた言動や違和感のある間を作り出して笑いを誘う役のことです。元々は、とぼけた役という意味の「とぼけ」が語源だそうです。

つまり、**ボケとは常識の外側にあるものであり、普通ではない状態なのです。予想だにしない突飛な言動だからこそ、つい笑ってしまうのです。**人が思い付かないことを思い付く。もはや天才の領域です。これは訓練によってどうにかなるものではなく、センスだと思っています。

「お笑い芸人のように爆笑がとれる話の仕方を教えて下さい」というのは、「誰も思い付いたことがない発明を、手軽にコンスタントに思い付くプロセスを教えて下さい」と言っているのと同じです。それって、公式化できない発明だからこそ尊いのです。**ボケも同じです。誰もができるわけではないからこそ、花形なのです。**

一方でツッコミはというと、これまたセンスが要求されます。「何だ、結局無理じゃねぇか！」といわれそうですが、ちょっと待って下さい。ツッコミは、ボケよりハードルが低いのです。

ツッコミは練習によって、ある程度のところまでいけます。もちろん、そこから先はセンスが要求されるのですが、一定のレベルまではいけます。それは何故かというと、**ボケがアクションだとすると、ツッコミはリアクション**だからです。

極端な言い方をすると、「今まで誰も見たことがない動き」を求められるのがボケです。「その動きを見て、リアクション」することを求められるのがツッコミです。ツッコミは、リアクションがベースとなっているため、正解はないものの、**何となくのパターンが存在**

します。ボケを見ての感情（驚き、呆れ、焦り、怒りなど）を伴いつつ、感想を言ったり、訂正したりするのです。

つまり、ツッコミは「ボケのどこが面白いのか？」を見つけることから始まるのです。求められるセンスは２つ。「**面白さを見つけ出すセンス**」と「**どう伝えるかのセンス**」です。**ツッコミ上手な人は、何気ない相手の言動から、違和感や面白さを見つけ出す**のがうまいのです。

トレーニング方法としては「街で見かけたちょっと気になる風景」。街中で見かけた看板やポップ、値札で違和感を感じたものに対して「どこが違和感なのか？」「一言足すとしたら？」を考えるのです。

この「#街で見かけたちょっと気になる風景」なかなか好評なんですよ。気になる方はX（旧ツイッター）で検索してみて下さい。

CHOI 2 TASHI

ツッコミがわかると「好感度爆上がり」の法則

ツッコミとは相手の面白さを見つけ出し、それを通訳し橋渡しする役割。相手の良さや面白さを見つけ出すことを、意識してトレーニングする

多くの人がツッコミの役割を「怒る役」「ドック役」「訂正する役」と勘違いしていますが、**ツッコミとは『通訳』して『橋渡し』する行為なのです。**

私がザ・ニュースペーパー時代にお世話になっていた先輩で、松下アキラさんという方がいらっしゃいます。その方のハマリ役の一つに元首相の小泉純一郎さんネタがあります。その演説の中にこんな台詞があります。

小　泉「痛みを伴う構造改革。今こそ、痛みに耐える時です。耐えて、耐えて、耐え抜く。そうすれば、そのうち、必ず…痛みに慣れます！」

ツッコミ「何でだよっ！」

実際は演説ネタなので、その場で聞いているお客さんが心の中でツッコミを入れるスタイルになりますが、ここでは便宜上わかりやすくするために、あえてツッコミを表記しました。

この「何でだよっ！」をたいていの人は〝訂正〟だと捉えてしまいます。違うんです。

これは「痛みに耐え抜けば、そのうち、必ず…明るい未来が訪れます」となるべきところを「痛みに慣れます」と言い切ったことに対して、「何で、そっちに結論が行っちゃうんだよ」という〝リアクション〟をしているのです。

では、ツッコミを、もう少し細かく分解・分析してみましょう。

①本来は「明るい未来が訪れます」と言うべきところを「痛みに慣れます」と言ったんですよ、と気づかせる**『通訳』の役割**

②「皆さん、気づいてますか？　今、この人、変なことを言ったんですよ」とお客さんに告知して**『橋渡し』をする役割**

ボ　ケ「まだ6月なのに気温30度だって。このままいくと12月には50度を超えるね」

ツッコミ「そんなわけあるかっ！」

このベタなやり取りでも同じことがいえます。

「この人、変なこと言ったよ」という**『橋渡し』**と、「12月になれば冬だから逆に寒くなりますよね。でも、この人はそれをわかってないんですよ」という**『通訳』**をしているのです。

ツッコミは一般的には短ければ短いほどいいといわれています。それは長々と『通訳』（解説）すると、面白さが失われるからです。ただし、**ギュッと短く凝縮するので、つい「訂正」や「怒り」だと思われてしまうのです。**

そして、その勘違いがさらなる悲劇を生みます。ツッコミを習得しようとする人が、ツッコミの本当の意味や役割を知らないまま、ツッコミのフレーズやテクニックだけをマネしようとしてしまうのです。

これは、料理の材料や調理器具の使い方などを理解しないまま、見よう見まねで料理をするようなものです。当然の結果として失敗します。早くいえばスベります。

ウケないからといって、勢いやテンションをマックスにしようものなら、見ているだけで痛々しい人の出来上がりです。

マスターすべきは、ツッコミの「フレーズ」や「間」や「テクニック」ではありません。通訳して橋渡しをするという「ツッコミマインド」なのです。このツッコミマインドをマスターしておけば、相手を不快にさせる失礼なツッコミをすることもありません。さらには、ツッコんだ相手から喜ばれます。

だって、そうでしょう？　あなたの発言を誰かが拾って、自分も考えていなかった面白さを際立たせてくれたら、嬉しいに決まっています。

まとめます。**今よりちょっと面白いトークをやりたいなら、まずはボケて笑いをとることを手放しましょう。それよりハードルが低い〝ツッコミ〟を習得しましょう。**

ツッコミとは、相手の面白さを見つけ出して、それが他の人にも伝わるように通訳して橋渡しすること。**トレーニング方法としては、街中の気になる風景から「何故それを面白いと感じたのか？」を自分なりに分析してみましょう。**

まずは相手のいいところを見つけてみましょう。どうです？　そんなこと、心掛けたこともなかったでしょう？

え？　普通すぎる？　何だ、その平凡な結論は、って？

それそれ！　そのツッコミこそ、私の発言の面白さを通訳して橋渡ししている行為です。

ツッコミって どういうことだか わかってる？
えっ、相手の話を否定したり
訂正したりすることでしょ？
ちがうんだな～ ツッコミは 相手の良さや 面白さを見つけて
他の人に 橋渡しする役 なんだよ
あっ そうか！
否定は 不快に つながるし、あんまり 笑えないよね
！
よし、まずは 桑さんの 面白さを発見…
うぉ～い 断固 全否定だ～
できません でした～～～

+ CHOI 3 TASHI +

ダジャレを言われた時の「安心サポートツッコミ」

周囲の空気を凍らせるダジャレで、恥ずかしい思いをしている人がいたら、あなたがツッコミ、スベリの共犯者になることで、場の空気も救える

突然ダジャレをぶっこんでくる人っていませんか？　そう、あの周囲の空気を凍らせるオヤジギャグです。こんな時、あなたはどうしていますか？

スルーしますか？　何もなかったものとして、違う話題にいっちゃいますか？　それとも「いや、それ、全然面白くないからっ！」とみんなの気持ちを代弁して、先陣切ってツッコミを入れますか？

私なら、どの方法もとりません。しかし、どれも場合によっては間違いではありません。そう、場合によっては。

では、**どんな場合にこれらが成立するかというと、ツッコム側とツッコマレル側のラポール（信頼関係）が構築されていて、なおかつ、周囲が２人の関係性を認識している時だけ成立するのです。**

テレビ番組などでは、この環境が整えられています。いわゆるスベリ芸と呼ばれている人は、自分がスベってイジられることがオイシイと認識しています。

逆にツッコミは、スベリ芸の人に遠慮するとスベリ芸の良さを殺してしまうことを知っています。だからこそ、あえて強めにツッコムのです。

視聴者もこの構図が面白いことを知っています。ドS対ドM。どちらも楽しんでいるということが感覚的にわかるのです。だからツッコマレタ側が納得していない表情や、笑いとは程遠いような顔つきをしていると、炎上騒動に発展することになります。

テレビ番組ですら、そうなのです。**この状況を2人の関係性が約束されたものでもなく、周囲に認知されているのかも怪しい日常で行なったら、どうなるでしょう。私には多大なるリスクにしか見えません。**


では、どうするか？　ツッコミの定義って何でしたっけ？　誰かを踏み台にして自分が面白く思われることでしたっけ？　真逆ですよね。誰かの面白さを自分が見つけ出して、みんなに通訳して『橋渡し』してあげることでしたよね。

だったら**共犯者になってあげましょう。**スベった側に寄り添って2人で小ボケを完成させましょう。具体的には「あ、この人スベった！」と感じた瞬間に、ちょっと盛り気味に笑います。

スベったことは本人が一番よくわかっています。…ごくまれに、自覚できていない方もいらっしゃいますが。そしてたいていの場合は、耐えがたいほど恥ずかしい思いをしています。勇気を出して場を盛り上げようとしたのにもかかわらず…です。

そんな人を放置しておいて良いはずがありません。ましてや死人に鞭打つ行為は、もってのほか。ところが、ツッコミの本当の意味がわかってない人は無意識に「全然面白くないし！」「はいはい！」「誰か何か言ってやれよ！」と晒し物にしてしまうのです。

それではダメなんです。まずは笑って受け止めてあげましょう。たとえ、面白くなかったとしても、ナイスファイトに対して、笑いのハグをしてあげましょう。

じゃあ、笑ってあげた後、妙な雰囲気になったらどうするの？　そりゃ妙な雰囲気になりますよね。だって、元々〝面白くない〟んだもん。そんな時はこう言いましょう。

「え？　あれ？　面白いのは私だけ？」

「いや、1周回って面白いと思ったんだけどなぁ」

「どうやら時代がまだ私たちに追いついていないようですよ」

重要なのはフレーズではありません。自ら進んでスベリの共犯者になってあげることです。ここで言う**「安心サポート」ツッコミとは、ツッコムあなたの立場を安心サポートすることではありません。スベってしまった人を安心サポートするために、あなたがツッコム（共犯者になる）ことなのです。**

これによって、勇気を出した結果スベってしまった人も、場の空気も、あなたによって救われるのです。ただ1つだけ注意して頂きたいことがあります。なかには、「あなたに救われた」ことに気づかず、自分のボケがウケたと思ってしまう人がいるということです。そういう人はあなたに依存してきます。見切り発車で、成立していないボケを連投してきます。そんな時は、いつでもフォローに付き合うわけではないことを、やんわりと、しかしきちんと伝えましょう。

「すみません。現在、フォローが在庫切れです」

スベってしまった人と共犯者になる「安心サポートツッコミ」は、場の空気も救い、み

んなからとても感謝されるすぐれものなんです。

「安心サポートツッコミかぁ。笑いのコーディネートは、こうでねぇーと！」

「ははは…（盛り気味笑い）。あれ？　1周回って面白いと思ったんだけどなぁ」

CHOI 4 TASHI

ボケをこっそり付け加える「ブースターツッコミ」

弱めのボケを言われた時「このまま行ったら」などのキーワードを使い、大袈裟にデフォルメすると、元の形より面白さをブースト（後押し）できる

「C先輩、それ、ナイスアイデアですよ。案外、高い評価を受けて、係長を通り越して課長になっちゃうんじゃないですか？」

こんなちょっと弱めのボケを言われた時、あなただったらどうしますか？　その他大勢の傍観者となって、笑顔でやり過ごします？　「よっ、さすが先輩！」と弱めのボケに乗っかってあげますか？

弱めのボケに乗っかると、共倒れの危険性が極めて高くなります。もちろん、あえて乗っかってあげて共犯者になってあげるのも一つの手です。しかし、ここは**もっと積極的な支援策も用意しておきましょう**。

A「C先輩、それ、ナイスアイデアですよ。案外、高い評価を受けて係長を通り越して、課長になっちゃうんじゃないですか？」

B「このまま行くと、アメリカのタイム誌が発表する【世界で最も影響力のある100人】に選ばれちゃうかもしれませんよ」

C「いや、そこまでじゃないだろ！」

B「でも、ホント、Aさんが言うように、一気に課長になってもおかしくないくらいのアイデアですよね～」

ポイントは**「このまま行ったら」「1つ間違えたら」などというキーワードを使って、より大袈裟にしてあげる**ことです。デフォルメですね。大袈裟にデフォルメすると、かなり漫画チックになり、たいていの場合、元の形より面白さが〝ブースト（後押し）〟されます。

「この1年間で身長が3センチ伸びたんだよ。来年には、もう3センチ伸びてるかもしれない」
「この1年間で身長が3センチ伸びたんだよ。このまま行ったら100年後には、今より3メートル伸びてるかもしれない」

どちらがよりバカバカしいかは一目瞭然でしょう。
そして、この「ブーストツッコミを使う時の注意すべきポイントがあります。それは

「手柄を自分のものにしない」ということです。デフォルメしたことによって、笑いが生まれることもありますが、ここで、ついやってしまうのが、「自分が面白くした」感を出してしまうことです。

思い出してください。ツッコミとは、相手の気づきにくい、あるいは隠された面白さをあなたが『通訳』して『橋渡し』をすることです。手柄は弱めのボケを発した勇気あるその人に譲って、自分はサポート役に徹しましょう。

具体的には、弱めのボケだと感じた時には、まず「盛り気味リアクション」で笑ってあげます。その後でデフォルメした「ブーストツッコミ」でアシストしてあげます。

そして最後が肝心です。**ボケを『ちょい足し』した後は「いや、○○さん凄いな」「いやぁ、今のは面白かったなぁ」と必ずボケた人にスポットライトを当ててあげましょう。**

ロケの中継が終わって「それではスタジオにお返ししま～す」の精神です。

手柄をボケた人に返してあげることで、場が和み一体感が出ます。ボケ役も救われます。

逆にボケた人に手柄を返すことを怠ってしまうと、「そのボケた人を踏み台にして話をとっていった人」になってしまい、かえって印象が悪くなる場合もあるので注意が必要です。

ボケを『ちょい足し』してブーストしたら、絶対にスベらないのかって？　残念ながら、スベる可能性はあります。そんな時はどうすればいいのかって？　決まってるじゃないですか。思いっきりスベるんですよ！

でも安心して下さい。自分が『ちょい足し』して、全体としてスベった時には自分が墓穴を掘ってスベったことになるので、ボケた人は救われます。

それじゃ、自分ばっかり損をするじゃないかって？　そんなことはありません。

よく「笑われるのと笑わせるのは違う」といわれますが、多くの人は、その意味を間違えて捉(とら)えています。自分の笑いのセンスで笑いをとることを「笑わせる」、自分のダメな部分をバカにされるのが「笑われる」と捉えている人が多いのです。

私は**「笑わせる」と「笑われる」の違いは、「意図して笑いを引き起こしている」のか「意図していないのに笑いが起こっている」のかの違いだと思っています。**

いわゆるスベリ芸は、「バカにされてる」「笑われてる」と思っている人がいますが、あれはきちんと「意図して笑いを引き起こしている」ので、笑わせているのです。だからこそ、スベリ「芸」なのです。

何が言いたいのかというと、たとえブーストツッコミが空回りしても、「心に誇りを持って、墓穴を掘りましょう」「芸としてスベり、ボケた人を救ってあげましょう」ということです。

その地味なホスピタリティを、アンテナ感度の高い人は見てくれています。そして、そういうアンテナ感度の高い人に認められると公私に渡って強力なサポーターになって下さる場合が多いのです。９割のアンテナ感度の低い人にバカにされても、１割のアンテナ感度の高い人に認められたほうが得だと思いませんか？

損して得をとれ。これこそが、身を挺するツッコミのキーワードなのです。

では、アンテナ感度の高い人が身近にいなかったら、どうするかって？　ちゃんとあなたのそばにいるじゃないですか。ほら、こうやって語りかけてる人です。桑山ですよっ！　ちょっと！　何でそこで残念そうな顔をするんですかっ！

第4章

神速で相手の懐に飛び込め！

【ツッコミ活用法】

Season 2

CHOI 1 TASHI

相手が思っていそうなことを言う「エスパーツッコミ」

周りが「この人は、こう思っていそう」と感じることで笑いが生まれる。「ツッコミの言葉」が「発言者の心の声」と重なることで「共感の笑い」になる

ザ・ニュースペーパーのリーダーだった故・渡部又兵衛さんが、NHKの番組『課外授業　ようこそ先輩』という番組に出演した時、小学生たちに「本音を言うと笑いが起きる」と教えているシーンがありました。ザ・ニュースペーパーの政治家ネタも「本人は絶対に言わないんだけど、言いそうなこと」、本音っぽい台詞を話すことが面白さの核心でした。

例えば、福本ヒデさんが麻生太郎役で言っていた台詞もそうでした。

「老後の資金が2000万円必要って騒いでるけど、そんなものは3～4回飲みに行けば、それくらいになるんじゃねぇのかい」

松下アキラさん演じる小泉純一郎役の台詞にもこんなものがありました。

「私がブッシュと会談した時にね、やたらブッシュが英語で話しかけてくるんだよ。よくわからないから、とりあえず笑顔でYES、YESって答えてたんだけどね。後で聞いたら、あれが自衛隊のイラクへの海外派兵の要請だったんだよね」

どちらも本人は絶対に言わないし、かなりデフォルメされています。でも、心のどこかではそんな風に考えていそうだなぁって気がしませんか？

この本音っぽいことを言葉にしてしまう手法を応用したのが「エスパーツッコミ」です。相手が思っていそうなこと（周りの人が「この人はこう思ってるんじゃないのかな」と感じていること）、まるでその本人が言っているかのように表現して笑いを生み出すツッコミです。

「スーパー銭湯に行く確率は、数％（すうパーセント）！…」（静まり返って皆苦笑い）

⬇

「（言った人に）うわぁ〜、やっちゃったな…って顔してますけど大丈夫ですか？」

⬇

「（言った人に）うわ、どうしよう、この空気…って、心の声が漏れてますよ」

こんな風に、**その人が思っていそうなことを「そのまんま」言ってツッコミます。**ポイントは間髪入れずにツッコムのではなく、**あえて一拍待ってからツッコミます。**

なぜか？　このエスパーツッコミは「共感の笑い」だからです。**一拍待つことで、周囲の空気を感じる時間や発言者（ボケ）の気持ちを考える時間を作ってあげる**のです。そして、「ツッコミの言葉」が「発言者の心の声」とぴったり重なっていれば笑いが生まれるという構造です。ちなみにこれは、周囲の人にツッコンでも共感が得られれば成立します。

「スーパー銭湯に行く確率は、数％（すうパーセント）！…」（静まり返って皆苦笑い）

⬇

「（周囲の人に）俺、知〜らね〜みたいな顔してますけど、連帯責任でいきましょうよ！」

⬇

「（周囲の人に）あの人、勇気あるなぁ…って感心してる場合じゃないんですよ！」

この時に大事なのは、発言者をバカにしたり、傷つけたりしないこと。言ってもいない本音を、さも本人が言ったかのようにツッコムので、今まで以上に注意が必要です。

誰ですか、妙に感心してるのは？「さすが常日頃からスベリまくってるだけあって、説得力が違う」とか言わないの！

CHOI 2 TASHI

9割スベらない、ぼそっと独り言「つぶやきツッコミ」

大事なことは「独り言」のようにツッコムこと。噛みしめるように、自分自身で納得するような感じで話すと、独り言っぽく演出できる

ここまで、スベった人と共犯者になることで、みんなが救われることも説明してきました。とはいえ、やはりスベることに対して怖いと感じてしまう方もいると思います。いかにも「今、私、ツッコミましたよ～」というテンションでツッコムと、ドカンとウケる可能性もありますが、逆にシーンと静まり返ることもあり得るハイリスクハイリターンな状態でもあります。

爆発的にドカンとウケる可能性をあえて捨てて、手堅くいくなら、つぶやくようにツッコム方法がお勧めです。

この「つぶやきツッコミ」、方法はいたって簡単です。聞こえるか聞こえないかくらいの声で「独り言のように」ツッコムのです。

声のボリュームは多少大きめでも構いません。大事なことは「独り言のように」ツッコムことです。なぜか？　独り言なら、そこで完結しているので、リアクションを必要としないからです。独り言に耳を傾ける人はいても、独り言にコメントしたり、批判したりする人はほぼいません。

では、どうすれば独り言っぽく演出できるのか。

噛みしめるように、自分自身で納得するような感じで話すと、独り言っぽくなります。本題のツッコミに入る前に「なるほど」などという言葉を足してあげるのも効果的です。

A「貧乏ゆすりしないでよ」
B「貧乏ゆすりじゃないよ。俺のビートを刻んでるんだよ」
C「(ぼそっと)なるほど…X－JAPANをライバル視してるのか」

A「私、グルメだからね。そんじょそこらのものでは美味しいって言わないから。(パクっと一口)超美味しい！」
B「(ぼそっと)なるほど…朝令暮改の時短バージョンってわけか…」

あ、くれぐれも「つぶやきツッコミ」を相手を批判したり、けなしたりするためには使わないで下さいね。印象が最悪になります。
この章を読んで「なるほど、使えそうで使えないテクニックか…」とか、つぶやいたら本当にダメですよ！

ボケに激しくリアクションすると
フトンがフットンだ――
ハハハハ
昭和の風に乗ったんすかー
大ケガすることが多いですが
シーーン
あうっ回復不能だ
ボケにボソッとつぶやきツッコミすると
フトンがフットンだ――
なるほど…
羽毛ふとんなだけにいい羽根入ってましたね
たとえウケなくても傷は小さくて済みますよ
そうそう、ウチのフトンは高級だから
ペチペチ
おっ、上手いな部長～～！ごいごいす～～
サブすぎて笑っちゃうかも
ハハハ
プッ

CHOI 3 TASHI

全くもって嫌味にならない「よいしょツッコミ」

ツッコミとは相手の面白さを「通訳」して周りに「橋渡し」すること。相手の発言の「面白さ」の部分を「すごさ」や「素晴らしさ」に変えると、よいしょツッコミになる

コミュニケーションのコツは相手を認めて受け入れてあげること。それには相手を褒めるのが一番です。

うん、それはわかってます。でも、露骨に相手を褒めると逆に嫌味になりそう。慇懃無礼というか、褒め殺しというか…。それに、「よいしょ」や「おべっか」は露骨になると好感度を上げるどころか、嫌らしさが出ますよね？　どうにかして、さりげなく褒めることはできないものか。

そんな時は、ツッコミの形を使ってよいしょすると、嫌らしさはかなりウスれます。前項で説明した「つぶやきツッコミ」を併用すると、さらに露骨さはウスまります。

でも、ツッコミを使ってよいしょするって、どうやって？

もうお忘れですか？　ツッコミの本来の役割を！　ツッコミとはボケの発言の面白さを「通訳」して、みんなに「橋渡し」してあげること。この面白さの部分を「すごさ」や「素晴らしさ」に変換するだけで、もうその人の良さを認めて、褒めていることになるのです。

ツッコミとは、本来、ボケた人の面白さを「みんなにもわかって欲しい」というサービ

ス精神やホスピタリティ（思いやり、もてなす心）が中心にあるものなのです。つまり「褒める」という行為と「ツッコミ」はとっても相性がいいのです。「ツッコミ＝ドツキ漫才」をイメージしてしまうと、そうは思えないかもしれませんが、本来は優しさなのです。

●ダメなツッコミ例

課長「まぁ、とりあえず、やってみるしかないな」
社員「とりあえずって！　無策ですか！　風車に突撃するドン・キホーテじゃないんだから」

●ちょっと露骨なよいしょになってしまう例

課長「まぁ、とりあえず、やってみるしかないな」
社員「さすが課長！　まずは行動あるのみ、ってわけですね。すごいですね。そのポジティブなチャレンジ精神、尊敬します！」

●よいしょツッコミ

課長「まぁ、とりあえず、やってみるしかないな」

社員「(ボソッと) なるほど…全てのリスクを承知の上で挑戦か。いや、すごいな課長の覚悟」

ややわざとらしさは残るかもしれませんが、だいぶ自然になったと思いませんか？　これを聞いて、(そこまで深く考えずに発言してしまった) 課長は、どう思うでしょうか？　多少の照れ臭さはあるかもしれませんが、そりゃ、嫌な気はしないと思いませんか？

CHOI 4 TASHI

ノリツッコミに用意しておきたい「リカバリーツッコミ」

ノリツッコミは、スベることを前提でやればいい。スベった時のリカバリーとなるツッコミ言葉を、予め想定して用意しておくことが大事

「お前の脳みそって、ホント、鶏並みだよな」
「そうそう、3歩歩いたら全部忘れてコケコッコー…って、おいっ！」

一般の方にも広く知られるようになった**ノリツッコミ**。ただみんなが知っているからといって、簡単にできるわけではありません。

私はノリツッコミが苦手です。正直に告白すると、一度も成功したことがありません。そう、ただの一度もです。パシッと決まったら、とっても面白くて、とっても気持ちいいんだろうなという憧れはあります。ただ、私には難しすぎるのです。

何がって、ノリ方とツッコミの切り返しが難しいのです。ノリの部分に気持ちを入れすぎると大袈裟になって、しらけさせる原因になります。逆に抑え気味にさらりとノルと、面白さが半減してしまいます。

しかもツッコミのタイミングには、切り替わりポイントとなる一瞬の間が必要になります。これが間を作ろうと思って作った〝間〟だとわざとらしくなります。感情や演技で埋める間でなければいけません。空白でありながら、見ている人から「ノリツッコミの人、今、気づいた！」とわかるように。

ね？　難しそうでしょ？　こんなに難しそうなことを、私ができるわけがないじゃないですか。そこで、私は考えました。だったら、スベることを前提でやればいいんじゃないか、と。

何だ、そんなことか、と思うかもしれません。でもこれ、単純なようで意外とやっていない方が多いんです。「ウケる」と自分で勝手に決めつけて、ボケたりノリツッコミをしたりして、シーンと静まり返った状態になってから、「思っていたのと違う」と急に焦りだすのです。

ザ・ニュースペーパーは、メンバーが男性ばかりで9人前後と限られています。つまり話題になった政治家やスポーツ選手は、その時にいるメンバーの誰かが必ずやらなければなりません。そして、どう頑張っても似ていない時もありました。そんな時のための伝統的なフレーズがあったのです。

「○○です。…これで、精一杯です…」

あらかじめ「え〜、全然似てないじゃん」というリアクションが想定できていれば、慌てることなく冷静に対処できます。これと同じです。**ですからノリツッコミをする時には、スベった時のリカバリーとなるツッコミ言葉もセットで用意しておきましょう。**

「お前の脳みそって、ホント、鶏並みだよな」
「そうそう、3歩歩いたら全部忘れてコケコッコー…って、おいっ！」
⬇
「…ほら、うまくいかない」
⬇
「…うわぁ、令和で一番恥ずかしい」
⬇
「…すみません。今の10秒間は議事録から削除してください」
⬇
「…と、ここでドンスベりして、めちゃくちゃ恥ずかしいところまででワンパッケージです」

などなど…。

こうして用意しておくと安心してスベれるでしょう？

何でも構いません。あらかじめ想定して用意しておくことが大事なのです。もし運が良ければ、その追撃でくすっと笑ってもらえるかもしれません。

もし、それで爆笑がとれたら？　その時は晴れて桑山超え達成です！　ま、桑山を超えたところで、たかがしれてますけどね…って、おいっ！…

あれ？　場の空気って、こんな一瞬にして冷えるものなんですね（泣）。

第5章

好感度が爆上がりの【盛り気味リアクション】

CHOI 1 TASHI

感情を呼び起こすトリガーで「瞳孔を開くリアクション」

自分なりのトリガー(きっかけ)を見つけ「瞳孔見開き術」の感覚をつかみ、相手への好感度アップと自分のテンションも上げる

コロナ禍で急速に浸透したものの一つに、リモートワークの普及があります。リモートの会議では画面の都合上、相手の表情が見えづらいので、少しオーバー気味にリアクションをすることが求められます。

例えば大きくうなずく。両手で○印を出す。そんなオーバー気味なリアクションにようやく慣れてきた頃に、コロナでの警戒態勢も緩和され、時流はリアルでの会議や商談に戻ってきました。すると、リアルでのリアクションの取り方に戸惑う人も出てきました。

大きくうなずくのも何かわざとらしくて抵抗感がある。かといって、うなずく頻度を上げるのも、何か違う気がする。そんなことを気にしていると、どうリアクションをしていいかわからず、結果的にほとんどリアクションができなくなってしまうのです。

かといって、欧米式のオーバーリアクションで対応すると、対応した側も対応された側もやはり違和感が残ります。

そんな時は、目を見開くようにしましょう。もっと正確に言うと、**目をまん丸に見開くのではなくて、瞳孔を少し大きめに開く**ようにします。

人間の身体は自分で思っているより精巧です。**自分が興味を持っている時はより多くの**

情報を取り込もうとして、瞳孔が開きます。そして話し手もそれを敏感に無意識下で察知して、瞳孔が開いている人（＝自分に興味を持っている人）には、好意を抱きやすくなります。

では、瞳孔を開くなんていう器用な芸当が、思いのままにできるのでしょうか？できます。そんなに見違えるほどの変化はしませんが、ほんのわずか見開くことができます。そして、ほんのわずかな変化でも、相手のセンサーは敏感に察知してくれます。

それではどうやって瞳孔を開かせるのか？ **原理としては簡単です。興味を持つと瞳孔が開くのなら、興味を持てば良いのです。** いやいや、それができるくらいならリアクション自体に困らないよ。ごもっともな意見です。これを解決するのが演技テクニックです。

演劇では演じている時に、悲しくなったり楽しくなったり怒ったりと様々な感情の変化が起こります。その人物になりきっていて、毎回自然と同じように感情が湧き上がるという天才型の役者さんもいますが、凡人の私には、そんな芸当はできません。

そんな時に使うのが「トリガー」（銃の引き金）という方法です。**トリガーとは心理学の**

テクニックです。「感情を呼び起こすきっかけ」となる事柄を自分で決めておいて、その行動をしたり、その記憶を思い出すことによって、特定の感情に誘導するというものです。

ある人は、悲しくて涙を流したい時に、鼻の奥がツンとなる感覚を思い出すそうです。そうすると、身体の感覚に引っ張られて、感情も紐づいてくるのだそうです。また、別の役者さんは、飼っていた犬が死んだ時の犬の身体を撫でた触覚を思い出すと、その時の感情が一気に溢れ出してくるのだそうです。その他にも悲しい思いをした時の匂いを思い出したり、その時に目にした光景を思い出すことをトリガーにしている人もいました。

プロの役者さんがやるような感情コントロールなんか絶対に無理、という声が聞こえてきそうですね。**そこまで本格的なことは必要ありません。プロも使っている方法だからこそ、根拠がある**んだよということが言いたかっただけです。

このトリガーは人それぞれによって違うのですが、例がないことには取っ掛かりが掴(つか)めないと思うので、一例として私の場合をお話しします。私の場合は、相手が話をしているその時の私自身の「姿勢」と「心の声」をトリガー（きっかけ）にしています。

相手の話を聞いている時に、私は少し前のめりになり、心の中で「え、マジで？」「うわぁ～すご～い！」「めっちゃワクワクする情報じゃん！」などとつぶやきます。そうすると不思議なもので気分も乗ってきます。瞳孔がわずかに見開くような感覚も実感できます。

相手の好感度を上げるために始めた「瞳孔の見開き術」ですが、自分のテンションも結果的に上がるので、ウソから出たマコトのような感じになります。

この方法の良いところは、たとえ失敗して、うまく瞳孔を見開けなくても、うまく感情がノラなくても、話している相手に失礼にならないところです。だって、この方法を試す前は、それすらやっていなかったわけですから。ぜひ、今日からチャレンジしてみて下さい。**きっかけが掴めない方は、まずは私の方法（姿勢＋心の声）を試してみて下さい。**そして、何度か試しているうちに、自分に「しっくりくる」方法が見つかるはずです。

今ですよ！　目を見開きながら、心の中で「うわぁ～、すご～い！」「これ、めちゃくちゃワクワクする情報じゃん！」とつぶやく時は！

人が話している時に
ふん
ふん
へぇ〜
こんな態度をとられたら
めちゃめちゃ不快ですよね
なんだコイツ
ぜんぜん話を聞いてないな!?
で、それから?
興味を持って話を聞きながら
へぇ〜なるほど〜〜
「瞳孔見聞きの術」を発動させると
いい人
嬉しい
まじめな人
好印象で評価も
気分もアゲアゲですよ

CHOI 2 TASHI

心の声を『ちょい足し』する「エモーショナルミラーリング」

相手との共通点が多いと味方だと感じ親近感が湧く。感情をノセるエモーショナルミラーリング＆リスニングの合わせ技で共感を伝える

聞き上手はコミュニケーション上手。最近では傾聴のスキルも注目されて、色々な所でそのテクニックが伝えられています。傾聴というのはザックリいうと、相手の言うことを否定せず、共感しながら全部受け止めましょうという聞き方です。

話し手は肯定的に受け止められたことを実感し、安心感や信頼を得ることができ、とても和やかに意見の交換、心の交流ができるのです。

その中で特に有名なテクニックとして、「ミラーリング」というものがあります。**ミラーリングは心理学の手法で、相手と同じ行動をとることによって、相手との同調を図る**というものです。

人間は本能的に対峙した相手を敵か味方かと判別しようとします。その時どんな基準で敵か味方かを判別するかというと、その基準の一つに「相手と共通点が多いかどうか」があります。「好きなアーティストが一緒」「好きな野球チームが一緒」「出身地が一緒」など、たったそれだけでも随分と親近感が湧きますよね。

それは話題や状況に限りません。行動面でも同じような行動パターンをとったり、同じような言葉を使ったりすると、無意識的に親近感が湧いてきます。それを意図的に引き起こそうとするのが、ミラーリング（相手の行動を鏡に映したように模倣する）というテクニックです。

例えば傾聴では、主に相手が発した言葉を繰り返すことによって、相手が抵抗感を持つことなく、納得感を深めようとします。

「私、本当に疲れちゃって…」
「疲れちゃってるんですね」

これ、うまくいくと本当に心地良い話し合いができるのですが、一歩間違えればオウム返しになりかねないのが難しいところです。

話を聞いている側も「こんな受け答えでいいのだろうか？」と戸惑いを感じますし、話をしている側も受け止められているというよりは、何だかだんだん事務的に繰り返されている印象を受けてしまう可能性もあります。

そんな時にお勧めしたいのが「**エモーショナルミラーリング**」です。ぇぇ、私が勝手につけたネーミングです。全然難しいことはなく、**相手の言葉を繰り返す時に、ほんのちょっとでいいので感情をノセて繰り返してみましょう**、という話です。

前項で話した**トリガーの考え方を応用して、ミラーリングの言葉を話す前に心の声を『ちょい足し』します。それだけで感情がうっすらノリます。感情がうっすらノルと、自分の声のトーンやテンポが変わる**のが実感できると思います。

こちらのトーンや相づち（ミラーリング）のテンポが変わってくると、相手の反応も不思議なくらい変わってきます。

「私、本当に疲れちゃって…」

「（うわぁ～、そんなにも）疲れちゃってるんですね」

傾聴で大切なのは、言葉を繰り返して受け止め感を演出するテクニックではなく、気持ちを繰り返して共感することです。ただ、いきなり相手の感情に寄り添い、共感するにはそれなりのセンスが必要になります。だからこそ、**心の声で予備動作を行う「エモーショナルミラーリング」が効果を発揮してスムーズに導いてくれます。**

そして、ほんの少しでも言葉に感情を乗せる感覚が掴（つか）めると、たとえ同じ言葉を言ったとしても、バリエーションがかなり豊富になります。

私は講演会などで**「ガラスの仮面」というワークを行って、同じ言葉でニュアンスを変える練習をしてもらいます。**例えば「すみません」でも、恐縮して言う「すみません」と、納得いかないまま、ぶっきらぼうに言い放つ「すみません」、嫌味（いやみ）ったらしく言う「すみません」では、まるで意味合いが変わってきます

この感覚が掴めると「そうなんですか！」「なるほど」「どうなったのですか？」という相づちだけでも10分くらいは軽く持ちます。しかも、相手はとても気分よくノリノリで。

エモーショナルミラーリング。効果は私で実証済みです。というのも、飲み会で使ったら相手がノリノリになりすぎて、終電を逃したことが1回や2回じゃありませんから。

今日のレッスンは「エモーショナル ミラーリング&リスニング」です
相手の感情に共感するセンスを身に付けるにはまず、自分の言葉に感情を込めなくてはいけません
？
さあ、これをニュアンスを変えて言ってみて！
すみません
すみません
あっ
すんません
すんませんね
す…すびばせ～ん
す～い
ませ～～ん
…って
こうですか
……たの……
…ですか？
えっ、何ですか？
あなたの力はそんなものですかと聞いているのです！
ワーーッ
すいませーん
エモーショナルミラーリング&リスニングを完璧にマスターするために！さあ、もっと続けてもっと、もっとです
桑山のレッスンはもっと楽しいのでご安心を！
すいません
すいません
すいません

CHOI 3 TASHI

ライブ配信で学んだ「リモート用盛り気味リアクション」

ここぞという時に、前のめりになって聞く姿勢や顔を伏せるほど笑っているなど「動きをつけたリアクション」だと相手に伝わる

コロナで緊急事態宣言が出た頃、7ヶ月間舞台の仕事がなくなりました。多くの業種がそうであったように、急に仕事がなくなり、家に籠（こも）らざるを得ない状況でした。

せっかく時間ができたので、気になっていたけど手つかずだったものに色々挑戦しました。ブログ、Ｚｏｏｍ飲み会、ＴｉｋＴｏｋ、Ｚｏｏｍを使った対談ＹｏｕＴｕｂｅ。

その中で知り合いから勧められて始めたものに「ライブ配信」がありました。ライブ配信とはリアルタイムで配信しながら、それを見ているリスナーから来たコメントに、その場で返事をしながらコミュニケーションを図るＳＮＳです。

ライブ配信の研究を続けていたら、**どうやらリアクションが面白い人が人気があるということがわかってきました。**

アイテムとは投げ銭のことです。私が当時やっていたライブ配信では1円～555円までのアイテムがありました。それらを配信者（ライバー）にプレゼントすると、アニメーションによって画面が彩られます。当然、値段が高いもののほうが派手な演出です。

その投げ銭をもらった時のリアクションが面白かったり、身体を張っていたりとオリジナリティに溢(あふ)れていると、リスナーはそれを見たくてアイテム(投げ銭)を投げます。結果的にその人の人気が上がっていくというわけです。

ここで、ビジネスシーンでも使えるライブ配信のテクニックを解説します。

そもそも**何故、大袈裟なリアクションをするのかといえば、画面で見る顔は小さく、リアルに比べて表情がわかりにくい**からです。よくリモート会議やオンライン研修などでも「わかったことを示すために大きくうなずいて下さい」などといわれますよね。

そして、大袈裟なリアクションをするもう一つの理由は、**大袈裟にウケたほうが喜ばれる**からです。先ほどのライブ配信を例にとると、ライバーたちは視聴者に喜んでもらったほうが投げ銭はもらいやすくなります。

これはどういうことかというと、リアルで行う程度のリアクションや表情では、画面越しには伝わらないし、喜んでもらえないということです。**「動きをつけた」リアクションが必要になってくる**のです。

リモート会議の時に、こちらが一生懸命に提案したり報告したりしても、画面の向こう側で微動だにしない姿を目にしたことはありませんか？　その姿を見た時にものすごく不安になったことはありませんか？

これらは、ほんのちょっとしたテクニックでカバーできます。

相手が場を和ませようと面白いことを言ったら、顔の角度を変えて笑ってみて下さい。なにも仰け反るほど上を向いて笑う必要はありません。斜め下を向いて、頭を揺するようにして笑ってみて下さい。ミュートでも充分伝わります。

また、**話し手が一番伝えたいテーマを話し始めたら、10センチほどカメラに顔を近づけて話を聞いてみて下さい。**10センチとはいえ、画面上ではグッと大きく映るので、ずいぶんと前のめりになって話を夢中で聞いているような印象を与えることができます。

これらはテレビ番組のロケシーンなどでタレントさんや芸人さんが、ワイプ（小さな別画面）で抜かれた時のリアクションと同じです。声がオンエアで聞こえないのを百も承知で「ほぉ〜〜」と感心した口の形をして何度もうなずいたり、目を見開いて「うわぁ〜〜！」と驚いたりする姿を見たことはありませんか？　あのリアクションがうまい人はワイプで抜かれやすくなるので、画面上に長く映っていられるのです。

会議の時はそこまで作りこむ必要はありません。テレビ番組と同じテンションやリアクションで会議に臨んだら、さすがにやりすぎでしょう。

だからこそ、オーバーリアクションではなく、盛り「気味」リアクションなのです。リアクションの『ちょい足し』です。だって、想像してみて下さい。他の人が静止画かと思うようなほとんど動きがない画面の中で、あなただけ前のめりになって聞いていたり、思わず顔を伏せるほど笑っていたら、目立たないわけがないじゃないですか。

ただ気を付けたいのは、その頻度です。良かれと思ってこのリアクションを多用しすぎると「うるさく」なります。いわゆる悪目立ちです。熱心に話を聞いているという印象どころか、「全然話を聞いていない」「飽きている」「悪ふざけしている」という印象を与えかねません。

いいんです、ここぞという時にちょっとだけ盛り「気味」にリアクションをとれば。だって他の人たちは静止画と同じくらいしかリアクションをとっていないのですから。

考えてみて下さい。通勤電車の中で本を読みながら「ほぉ～」という表情でうなずいている人がいたら、「何の本を読んでいるんだろう？」って気になりませんか？

電車の中でこの本を読んでる人は、試しにやってみて下さい。その時は、タイトルと著者名をさりげなく周りに見せて下さいね。

この本がベストセラーになるかどうかは、あなたの演技にかかっています！

+ CHOI 4 TASHI +

0・5秒動きを止めるだけ!「レセプションリアクション」

0.5秒の間(レセプション)をとることで、表現にリアリティが増し、熟考した上での発言というニュアンスになり、その発言に説得力が生まれる

正直に言いましょう。私は芝居が下手くそです。台詞覚えも悪いし、半端なく緊張します。だからこそ、この方法を使えば「こんな私だってここまではできたんです」という方法をシェアできると思っています。

「俺は芝居が下手くそだから、もういいや！」なんて諦めていませんよ。今でもちょこちょこ演技レッスンやワークショップに通ったりもしています。

この前、ワークショップで「**ベラレーヌシステム**」というメソッドを学びました。ベラレーヌシステムを一言で説明するのは非常に難しいのですが、あえてざっくり説明すると「心の中の声を大事にして演技に結びつけよう」ということなんです。

ベラレーヌシステムの技法をいくつか学んだのですが、その中で「これはすぐに使えるな」というものがありました。それは「**レセプション**」という技法です。

たとえば誰かが悪戯をして、他の人の背中にそっと氷を入れたとします。入れられた方はビックリしますよね。その時、どんな反応をしますか？　**一瞬、息を止めて、目線も身体もフリーズする**のではないでしょうか。

つまり、**人間は何かに気づいた時や、考えを思い付いた時、納得した瞬間は動きが止ま**

るものなのです。この動きが止まる瞬間（転換点）を「レセプション」と呼びます。

実際に体感して「ホントだ！」と思ったのですが、このレセプションを入れるだけで、演技にとてもリアリティが増します。逆に、レセプションを入れないと演技が流れるというか、予定調和のような少し嘘っぽいものになってしまいます。

例えば、次の文章を台詞だと思って声に出して読んでみて下さい。最初の文章は、間をとらず流暢に読んでみて下さい。２つ目の文章は指示通りに読んでみて下さい。

●わざとらしくなるパターン

「（あまり息継ぎをせずに流暢に）あ～、お腹が減ったなぁ、そうだ、この前プリンを買ってきたよな、よし冷蔵庫を探してみよう」

●リアリティが出るパターン

「あ～、お腹が減ったなぁ。…（0・5秒間動きを止めて）そうだ、この前プリンを買ってきたよな。…（0・5秒間動きを止めて）よし冷蔵庫を探してみよう」

どうでしょうか？　違いが感じられましたか？　自分では、イマイチ違いが感じられなかったという人は、誰かに読んでもらってみて下さい。**わずか0・5秒の間で「何かに気づいた」「何かを思い付いた、決心した」という感情が見える**と思います。

その演技メソッドが何かの役に立つの？　もちろん役に立ちます！　あなたの何気ない発言に妙な説得力が生まれます。

課長「何でもかんでも自分たちでやろうというのは限界がある。ある程度は、外部の会社にアウトソーシング（外注）して、効率化を図ることも視野に入れるべきかもしれないいな」

こんな発言に対して、レセプションを入れずに発言したらどうでしょう。

部下「課長はアウトソーシングも視野に入れるべきだとお考えなんですね。なるほど。ただ、問題はどこまでをアウトソーシングにするのかという範囲の問題と、いくらかかるのかというコスト面の問題ですね」

間を空けずに発言すると、課長の意見をサラッと受け流し、問題点の追及がメインの発言になってしまいます。課長の受け取り方次第では、生意気な意見に聞こえてしまうかもしれません。では、レセプションを採用しての発言ではどうでしょうか？

部下「課長はアウトソーシングも視野に入れるべきだとお考えなんですね。（0・5秒動きを止める）…なるほど。ただ、問題はどこまでをアウトソーシングにするのかという範囲の問題といくらかかるのかというコスト面の問題ですね」

どうでしょうか？　課長の意見を自分の中でじっくり熟考してから、課長に寄り添うために、話をもう一歩推し進めている感じに聞こえませんか？

この2つは全く同じ文言です。ただ「0・5秒だけ動きを止めたかどうか」だけの違いです。ということは、**この0・5秒のレセプションを知っているだけで、色々考えた末の発言というニュアンスが演出できる**のです。

0・5秒急いだだけで、あなたは知らない間に損してませんか？

第6章

使いこなすと天下無敵の【超アドリブ力】

CHOI 1 TASHI

ツッコミにも通じる、言葉のスリム化「レッテル遊び」

目にしたものの特徴を「あだ名」や「キャッチコピー」などの短い言葉で表現する「レッテル遊び」が言葉磨きのトレーニングになる

ツッコミがなぜ短いほうがいいかというと、笑いの熱が冷めないからです。逆にツッコミの言葉が長く、しかも説明的だったりすると、その説明を聞いているうちに面白いと感じた感情はどんどん萎えていきます。

かといって短すぎると意味がわかりません。「**おい！**」「**よしなさい**」**で成立するのは、よほどボケがわかりやすい時です。**場合によっては、ツッコミがなくても成立します。

つまり、「話は短いほうがいい」のです。何だか、ごくごく普通の話になっちゃいましたね。もちろん、これには大前提があって、「話の内容が通じるなら」という条件が付きます。そして、この大前提が実は厄介なのです。何故かというと「話が通じていないのではないか」という不安がつきまとうからです。

以前、私はザ・ニュースペーパーの創業社長である故・杉浦正士さんから、「桑山の台本は面白くない」と指摘されたことがありました。何が面白くないのかというと「桑山の台本は小説だ。コントの台本は、もっと歌詞のようでなければいけない」というのです。

正直いって、その当時は杉浦前社長がおっしゃっている意味がわかりませんでした。今にして思えば、きっとこの「**言葉の短さ**」や「**テンポ感**」ということなのだろうと思います。

伝わっているかどうかが不安で、一から十まで説明しすぎる結果、長々とまどろっこしく、テンポ感が失われて、面白さが半減しているのを「小説のようだ」と表現したのではないかと今は考えています。

これはコントに限ったことではありません。業務報告にしても、日常会話にしても、**ある程度のスピード感をもって話すことができると、聞いているほうは楽ですし、結果的に良い印象を与えます。**小学校の校長先生の朝礼の話も2分で終われば面白くて良い話なのですが、それを20分も話すから、つまらない話になるわけです。

何も早口で話せといっているわけではありません。むしろ逆です。早口すぎると、聞き手は理解が追い付かず、途中で理解するのを諦めて、結果的に聞き手を置き去りにしてしまいます。

では、どうすればいいか？　文字数を減らせばいいのです。どうやって？　**普段の生活で目にしたものを「なるべく短く表現する」癖をつけていく**のです。いわば「言葉磨き」のトレーニングです。

そう聞くととても難しそうな印象を受けますが、**方法はいたって簡単。目にしたものに〝あだ名〟や〝キャッチコピー〟などの「レッテル」を貼っていく**のです。レッテル遊びです。所詮は遊びなので、別に面白くなくてもいいんです。誰に公開するわけではないので、多少失礼でも不謹慎でも構いません。

- 香水をぷんぷん匂わせている3人組 ➡ パフュームの意味を勘違いしている3人組
- 所狭しとガチャが並べられている風景 ➡ 三密なガチャ
- 路上で日本酒を片手に、虚空に向かって何かを話している人 ➡ 妖精と会話する人
- ギューギュー詰めの山手線 ➡ 尻尾まで餡が詰まった鬼のスイーツ
- 真っ白でふかふかなバスタオル ➡ 洗剤CM用バスタオル
- 3歳くらいの子供と楽しそうに語らう両親 ➡ ジブリのワンシーン

「短く表現する」といいながら、全然短くなってないじゃないか！　そんなツッコミが聞こえてきそうですね。最初のうちはうまくいかなくてもいいんです。

不思議なもので、このレッテル遊びを始めると、「もっとしっくりくるものはないかな」

「もっと短くできないかな」などと欲が出てきます。そこで色々とこねくり回してみます。
例えば、さきほどの「香水をぷんぷん匂わせている3人組」の場合なら、

- パフューム裏メンバー
- 歩く香水瓶
- 血液が香水の人
- 百貨店1階のオーラ

短すぎるとニュアンスが伝わらないし、長すぎると説明臭くなってしまう。**こうやって、遊びながら試行錯誤を繰り返していると、徐々に「過不足ない情報量は、どのくらいなのか」がわかってくる**ようになります。つまり必要ない情報を削れるようになります。

このレッテル遊びは、「たとえ話」をする時の発想の訓練にもなりますので、お勧めですよ。そうですね、たとえるなら…すみません、何も思いつきませんでした（汗）。

伝わる文章や話し方を
身につける方法
それは
言葉磨き
トレーニング
身のまわりのものに
あだ名をつける
レッテルを貼る
キャッチコピーを
つくる
長すぎず
短かすぎず
こんなの
できました―
伝わる
言葉
イメージが
わかりやすい
程良い長さ
で集中が
とぎれない
いいね
過不足ない
情報量の文章が
つくれるように
なります
伝わるって
うれしい
楽しい♡
皆さんも 子供のころ
まわりの人に
あだ名をつけて
いたでしょ
メガネゴリラ
カリカリマッチ棒
やぎじいさん
そんな
気軽な
カンジで
やってみて
ただし
悪口は いけません
負の
言葉磨き
あわわ…
すごい
瘴気に心が
蝕まれる
負の発想が
凝り固まって
やな人に
なっちゃうかもよ

CHOI 2 TASHI

○○しながら連想ゲーム！「スリーワードトレーニング」

見たり聞いたりしたものから、できるだけ早く３つの単語を連想できるように、ワードセンスを磨くトレーニングをする

アドリブに必要なのは瞬発力です。その瞬発力を発揮するために必要なのは「タイミング」と「ワードセンス」です。タイミングがドンピシャなら、斬新な意見でなくても、すんなり会話の中に溶け込みます。一方、考えをまとめられずにあわあわしていると、タイミングを逃してしまいます。

私は以前『武田鉄矢の週刊鉄学』という番組で、レギュラーコメンテイターをさせて頂いていました。その番組では、専門家がずらりと並ぶ中、かなりのテンポで議論が飛び交っていました。

普通に誰かの話を聞いている時には構わないのですが、芸人的に話に反応しようと思うと、話全体に反応していては間に合いませんでした。

では、**どこに反応しているのかといえば、「単語」です。その話で印象的だった単語や、その話の核（話のテーマ）となる単語です。**

文章全体に反応しようとすると、話のシチュエーションやストーリー、感情など、考えなければならない情報が多めになります。ところが、単語から次の話題を繋ぐのは比較的簡単です。そう、連想ゲームの要領で、単語に反応して話を広げていました。

何かキーワードになる単語に反応して、その単語から連想される自分の体験や過去に聞いた話を思い返します。これだけでも反応速度は飛躍的に速くなります。

もう少し話の転がし方のクオリティを上げたければ、もうひと手間加えましょう。ここで、必要になってくるのがワードセンスです。

単語に反応して、そのまま連想されるエピソードを話すのではなく、**単語から連想される言葉を3つ思い浮かべるのです。その3つの単語の中から、より面白く話が展開「しそう」なものを選びます。**

え？　その3つの中から、「何を選べば話が面白くなるのか」の法則ですか？　それは「勘」です。だからセンスなのです。

この「勘」は、トレーニングを繰り返していると打率は上がります。経験則の偉大さです。注力すべきは打率の上げ方ではなく、その前段階の手札の数です。単語に反応した瞬間に、3つの言葉を連想できるトレーニングを行いましょう。

1つよりは2つ、2つよりは3つの候補があるほうが、当然アドリブの選択肢は広がります。そして、これは道を歩きながら、あるいはリビングでぼぉ～っとしている時にでも、頭の体操程度の遊び感覚でトレーニングできます。

これもやり方はいたって簡単。**目についたもの、耳にしたものから連想する言葉を3つ思い浮かべるだけ**です。通常の連想ゲームと大して変わりません。

このトレーニング（というか暇つぶしの遊び）は地味ですが、続けると確実に効果は出ます。最初は1個も単語を思い付かなかった人も、段々1個、2個と思い付くようになり、確実に2～3個は思い付くようになります。

不思議なものでトレーニングを続けていると、そのうち、3つの単語の中からキャッチーなものが混じり始めます。そしてその割合も徐々にではありますが増えていきます。

これが、いわゆる「ワードセンスが磨かれてきた」という状態なのではないでしょうか。

それを磨く方法については教えてくれる人は少ないでしょう。その数少ない教えも「本を読んで、豊富なボキャブラリーを身に付ける」「名文にたくさん触れて感性で吸収する」などと**日常での事前準備の大切さを説きます。私はむしろ逆だと思います。**

人は困った時にしか解決方法を探しません。ブログを毎日書かなければならない時には、街歩きの際に無意識にブログのネタを探すようになります。ダイエットが気になった途端に、ダイエットの記事や広告が目に付くようになります。いわゆる「**カラーバス効果**」です。

であれば、**順序としては最初に困るべきなのです。3つの単語の連想ゲーム（スリーワードトレーニング）をしてみて、なかなか納得のいく単語を瞬時に思い付けない現状を思い知る。それでも続けてやってみる。**そのうち、ふと出会った表現や単語・発想・エピソードは、必ず自分のアンテナに引っ掛かります。

アンテナに引っ掛かった言葉は「そんな言い回しがあるのか」「この言葉ってそんな使い方があるのか」「その話、面白いな」、と意識しなくても勝手にストックされます。そうやっているうちに、気づくとキャッチーな言葉が3つの中に混じり出すのです。まずは、見たもの聞いたものから3つの単語を連想ゲームで絞り出してみましょう。

「飲み会」と聞いて、どんなスリーワードを連想しますか？「結婚生活」「贅沢」なら？「話し方」なら？「桑山」だとどうでしょう？……怖いから聞きませんけどね！

アドリブ力をつけるなら
スリーワードトレーニング
が
おすすめ!
ガチガチに勉強する必要ナシ
語彙力向上!
ごいりょく
「いつか使うかも」って結局役立たずじゃないすか?
ふと出会った気になる単語や
池ポチャ
バーディ
へそ天
スナック池ポチャ
クラブバーディ
エピソードを元に
キャワイ~
ハッ
ハッ
ハッ
キーワードから3つの単語を連想するゲーム
う~んと
それが
スリーワードトレーニング
なのです
散歩中や
リビングでボ~ッとしているときにちょこっと頭の体操をするだけ!
キーワード
キーワード
チョー簡単でしょ
……
ひゃっ
ワンッ
寝とるやないか~い

CHOI 3 TASHI

おーっと一同がうなずく「たとえアドリブ」

知らないことを質問する時、わかりやすく伝えるために、アドリブでたとえ話を作って、説明することでイメージしやすくなる

アドリブで、「たとえ話」がバチンと決まった瞬間ほど、気持ちのいいものはありません。場の空気も一気に引き締まりますし、説明している人にも感謝されます。意外なたとえ方なら笑いが起きるかもしれません。

以前、名古屋でラジオ番組に出たことがありました。その時のゲストは2組いて、1組目は、電気自動車の低速充電を普及させている社長さんでした。そして2組目が、英語で落語をするパフォーマーの喜餅さんと私でした。

控室で雑談をしていた時、電気自動車の低速充電が何故いいのかという話になりました。私は「低速充電より急速充電のほうが、早くて絶対いいじゃん」なんて思っていたのですが、低速充電のほうが優れている部分がいくつもあるそうです。

その一つが、設置コストが格段に安い点。

さらに急速充電だとデマンドの関係で、電気代が底上げされてしまう場合もあるとのこと。ただ、私には、この「デマンド」がさっぱりわかりません。思い付くのはソフト・オン・デマンドくらいです。

そこで私は「すみません、そのデマンドっていうのは、何ですか?」と聞きました。

すると低速充電を普及させている社長さんが電気代のデマンドについて説明してくれました。

電気代というのは、使える電気量の基準が決まっていて、それを超えると、基本料金がワンランク上の料金になってしまい、基本料が底上げされるのだそうです。

急速充電は、一時的に多めの電気量を使ってしまったら、ほとんどの時間帯で基準を下回っていても、1ヶ所飛び出すことでワンランク上の料金になることもあるそうです。

その説明を聞いて、私は、「それって、つまり、朝夕のラッシュ時にはお客さんが乗り切れないから15両編成にせざるを得ないんだけど、昼間はガラガラなのに15両で走り続けなければならない、みたいな話ですか？」と聞きました。

すると、**このたとえがその場にいた皆さんにしっくり来たようで、場の雰囲気が一気に和みました。**

では、このたとえ方、どうしたらできるようになるのでしょうか？

まず、頭が良く見られたいと思わないこと。

頭が良く見られたいと思っていると、わからないことを聞けなくなります。相手が専門用語で言ってきたことを本当は理解できていないのに、無理やりその用語を〝丸呑み〟しようとしてしまいます。噛み砕かずに丸呑みするわけですから、当然、その本質や芯の部分がわからないままです。

また、**わからないことをそのままにしないと定義すると、自然と「それって、どういうこと？」という自問自答を繰り返すことができるようになるのです。わからなければ質問もできます。**

どの程度まで噛み砕きを繰り返せばいいかといえば、小学校5年生の子、10歳の子に説明してわかってもらえる程度です。対象年齢を5〜6歳に設定すると、かなりの情報を捨てなければなりません。逆に13歳、中学1年生くらいに設定すると、理解度の個人差がかなり開いてくるので、イメージしにくくなるのです。

そこまで噛み砕くと、その本質や芯が見えてきます。そして、次は「連想ゲーム」です。思い浮かんだ言葉の候補を3つ位挙げます。

ちなみに、先ほどの「電気料金のデマンド」の時に、私が思い浮かべたのは、「農業の外国人技能実習生」「満員電車」「携帯料金のギガ使いすぎ」でした。

その私のたとえ話ができるまでの、頭の中のプロセスは次の通りです。

疑問 ← 電気料金の「デマンド」の意味がわからない

説明 ← 一時的に使いすぎると基本料金が値上がりするということらしい

自問自答 ← 「それってどういうこと?」

噛み砕き ← 必要な時とそうでない時の差が激しい。でも基準はマックスの時に合わせる

自問自答 ← 「それって、どういうこと?」

さらに噛み砕き ← 全然いらない時でも、マックスの時の高い値段のまま

連想ゲーム このイメージに近いものはないかな?

←候補

●「農業の外国人技能実習生」
収穫時は人手不足で必要、収穫時以外は必要ないが、通年採用しなくてはいけない

●「満員電車」
朝夕のラッシュ時には15両必要。昼間はガラガラでも、そのまま走らせる

●「携帯料金のギガ使いすぎ」
1ヶ月だけギガをかなり使うと、高い料金プランに移行する必要がある

←選考

●「農業の外国人技能実習生」
言葉や制度自体がマイナーで瞬時にわかってもらいにくい

●「満員電車」
路線によっては車両の切り離しなどがあるが、イメージは伝わるのではないか？

●「携帯料金のギガ使いすぎ」

料金プランによって、繰越や自動調整してくれるので不適切

⇐ **採用** 「満員電車」

⇐ **発言** 「それって、つまり、朝夕のラッシュ時にはお客さんが乗り切れないから15両編成にせざるを得ないいんだけど、昼間はガラガラなのに15両で走り続けなければならない、みたいな話ですか？」

この手順を踏めば絶対にウケるのかって？　そりゃ、やってみなければわかりません。でも、大切なのはウケるかどうかではないのです。わかりやすい「たとえ」で発言者を「サポート」してあげることが大切なのです。

主役ではなく、サポートに徹する。この本でずっと主張している鉄則です。

話の中に専門用語や知らない情報がでてきたら
急速充電はデマンドの関係で……
んっ、デマンド？？
うん
うん
ためらわずに
すいませんデマンドって何ですか？
質問しましょう
それはこうこうこういうことで…
なるほど〜
知識をひとつゲットだぜ！
知らないのは
伸びしろありってこと
知ったかぶりは
バレたら信用を失くすだけ
えっ？言ってることちがうんだけど
本当にわかってんの？
わからないことは
デマンド
何これ？
質問して
こういうこと！
デマンド
理解したら
なるほど！
よ〜く噛み砕く！
デマンド
わかりやすい「たとえ話」であなたの伸びしろ伸ばしてちょ！
たとえばこういうことですかね〜〜!?
デマンド
お〜、わかりやすい
本質を上手く表現できてるね

CHOI 4 TASHI

超簡単！高確率で成功する「タイムスリップアドリブ」

アドリブで最も必要なのは「共通認識」。タイムスリップするポイントは10分前。10分前ぐらいに盛り上がった話題なら、その場にいる全員に共通認識がある

大勢で話している時に、ふと思い付き、いざアドリブを言ってみると、全員がポカ〜〜ンという顔…。個人的には「ナイスチャレンジ！」と言いたいところですが、想像すると怖いですよね。そんな時にお勧めなのが「**タイムスリップアドリブ**」です。

やり方はいたって簡単。**10分くらい前に会話で話題になった言葉、ひと盛り上がりした言葉を覚えておいて、それを会話の中で使うだけ。**これは意外なほどスベらず、しかも結構な確率で笑いがとれます。

盛り上がった「言葉」であれば、多少強引に違う意味付けを行ってもOKです。とにかく、その盛り上がった「言葉」を使うことに意味があるのです。

何故か？　アドリブで最も必要なのは「共通認識」です。その場にいる全員がわかるシチュエーションであれば受け入れてもらいやすくなります。逆にその場にいる人間の1割しかわからない情報をベースにするとポカ〜ンとなります。**10分前に出た話題でひと盛り上がりした言葉なら、その場にいる全員に「共通認識」がある言葉というわけです。**

さらに、一度盛り上がっているので、お笑いでいうところの「天丼」の効果も期待できます。天丼とは同じボケを繰り返し使うことによって笑いを誘う技法です。

ちなみにこの技法は、テーマパークのインタラクティブ・アトラクションでも、用いられてます。インタラクティブ・アトラクションとは、お客さんとの対話によって進行し、お客さんを巻き込んでいくテーマパークのアトラクションです。ディズニーシーのタートル・トークや、サンリオピューロランドのぐでたま・ザ・ム～ビ～ショ～などがそうです。

ぐでたま・ザ・ム～ビ～ショ～は、サンリオのキャラクターのぐでたまが監督になって映画を作るというアトラクション。ショーの中で、ぐでたまはお客さんと会話をして、お客さんの違和感があるところをツッコミます。そして、ことあるごとにそのお客さんを引っ張り出して笑いを誘います。その会場にいる人たちにとって、ことあるごとに引っ張り出されるそのお客さんは「**共通認識**」になっているので、笑いが起こるのです。

では、何故それが10分くらい前の話題がいいのかというと、2～3分前の話題だと間隔が短すぎて、便乗だと思われる可能性があるからです。そう思われてしまうと興醒めされてしまいます。逆に20～30分前の話題では、すでにみんなの頭の中から、その話題が忘れ去られている可能性が高くなってしまいます。

瞬時にピンとくれば笑いにもなりますが、「あれ？　それ、聞いたことある。何だっけ？」となると、笑いは起きません。

実をいうと、私も講演会などでこの「タイムスリップアドリブ」は結構使います。お客さんに問いかけた時、面白い答えや会場で共感や笑いが起きた言葉は、頭の片隅に付箋で貼っておきます。**次の話題に移ってしばらくしたら（10分くらい前）今話している内容に紐づけして、その単語を不意に使います。**意外性と「あ、それ知ってる！」の共感でかなり高確率でウケがとれたりします。

騙されたと思って使ってみて下さい。「ウケなかった、騙された！」って言われたら、苦情を言われる10分前にタイムスリップして、聞かなかったことにしますけどね（笑）。

CHOI 5 TASHI

秘伝！グルグルトークを止める「インターセプトアドリブ」

相手が話している話題の少し前のその内容について質問し、相手のペースが変わり、リセットされたタイミングで次の話題への流れを作る

「その話、前に聞いた！」って言いたくなったことはありませんか？　しかも、以前にその話を聞いたことがあるレベルではなくて、さっきからその話が何回も繰り返されてるよっていうパターン。いわゆる「**グルグルトーク**」です。

あのグルグルトークって何故起こるのでしょう？　それは、話している人が気持ち良くなっているからです。気持ちいい要因は2つあります。

1つ目は「**話の内容が自分のお気に入りの内容**」だから。普段はむしろ不愛想で口数も少ないのに、特定の話題になるとやたら饒舌（じょうぜつ）になり、熱のこもった語り口で前のめりに話してくる人っていませんか？

2つ目の要因は、「**自分のペースで話している**」ことです。自分が最も気持ちのいいリズムで話しているということです。そう、聞き手が心地良く感じるリズムではなく、話し手が自分にとって気持ちいいと感じるリズムで話しているのです。

会議で部長が気持ち良く話しているグルグルトークを止める時に、「では次の議題に移りたいと思うのですが、よろしいでしょうか？」「要点をかいつまんでおっしゃって頂けると助かります」などとぶった切る人がいます。これは確実にイラっとされます。気持ちのいいリズムで話してる途中に話題を変えられるのは、せっかく聴いていたお気に入りの曲を急にブチッと切られるようなものです。

他にも、話の途中で「私も似たような経験がありますが…」「今、出た○○ということについてなんですが…」などと話をとってしまう人もいます。「私の話を遮るな」と怒る人、案外多いですよね。これもいってみれば、お気に入りのロックを聴いている途中で急に演歌に変えられるようなものです。

では、どうすればなるべく怒らせずにグルグルトークを止めることができるのでしょうか？　先ほどの音楽の例で考えてみましょう。

相手が聴いている音楽にとても興味を示した上で、

「2つ前の曲って何ていう曲？　もう一度聴いてみたい」

と言われたら、どんな気持ちになるでしょう？　確かに、聴いている曲を中断されていることには違いないのですが、**自分の好きな音楽に興味を示してくれているので悪い気は**

しなさそうですよね。

さらに、

「**その前の曲もう一回聴かせて**」

「**一番最初の曲は?**」

と、あちこちに飛んだらどうでしょう。自分のイメージしている曲順とは違うのでペースが狂います。しかし、せっかく興味を示してくれているので無下にもできません。

グルグルトークをやんわり止めるには、大前提として、グルグルトークにすごく興味を示すこと。**興味を示した上で、今話している内容ではなく、2~3個くらい前の話題のことを質問**してみましょう。

話し手はこれから話そうと思っていた内容と違うことを聞かれたので、頭の中を一度リセットする必要が出てきます。話し手としてはギクシャクするので、ペースが乱れます。

通常であれば不快感を示すところです。

ここで大前提の「すごく興味を示すこと」が活きてきます。**自分の好きな話題や自分が話したい内容に興味を持ってくれているので、トークの流れを阻害された違和感はあっても、不快感までは行きにくい**のです。

これを2〜3度繰り返した後に、

「本当に面白いですね。あ、話の腰を折ってしまって、すみません。どうぞお話を続けて下さい」

と切り出すと、たいていの場合、話のリズムが乱れた後なので勢いはなくなっています。

「えーと、何の話だっけ？」となったところに、**「そういえば、○○の話でしたね」と次の話題を提示**すると、割と高確率でグルグルトークを止めることができます。

●部長のグルグルトーク

部長「業務の効率化を行うには、先を読む力が大事なんだよ。流れを把握して、その流れに逆らわないように最善の手を打つ。これが大事なんだなぁ。この前の日曜日も千葉国際カントリー倶楽部にゴルフに行ったんだけどね、その8番ホールで、ラフに打ち込んでしまったんだよ。グリーンを狙いたいんだけど森の木々が邪魔してグリーンを直接狙えないんだ。ここは無理をする局面じゃないと判断した私は流れに逆らわず、まずはフェアウェイに戻すことを考えたんだ。でも、ただ戻してもつまらないから、私は考えたんだ…」

●ダメな受け答え

部下「部長、ゴルフの話ではなくて業務の効率化の話をお願いします」

部長「あぁ、わかっているよ。業務の効率化だろ。つまり、先を読むというのは…」

●一見、良さそうだけど、グルグルトークを助長してしまう受け答え

部下「で、どうなったんですか？　そこで部長は、どんな一手を繰り出したんですか？」

部長「いつもはまっすぐ打とうとしても力むと左に曲がってしまうんだが、この時は、あえて力んでみたんだ。いうなれば意図的に左に曲げたんだな。すると、どうなったと思うかね？　緩やかに左にカーブするフェアウェイにものの見事に乗ったんだよ。今、目を瞑ってみてもあの時のゴルフボールの鮮やかな軌道がくっきりと目に浮かぶようだよ。そして、見事フェアウェイに乗ったボールは…」

●グルグルトークを止めるインターセプトアドリブの受け答え

部下「うわ、ドキドキしますね。部長が行かれたのは千葉国際カントリー倶楽部ですか？」

部長「あ、あぁそうだよ」

部下「あそこはなかなか手強いと聞いたことがあります。部長はよく行かれるんですか？」

部長「よく、というわけでもないが、まぁちょくちょくは行くね」

部下「やっぱりラフに打ち込んでしまった時には、部長ほどの方でも焦ったりするんですか？」

部長「まぁ、焦るというか…しまった！　とは思うよね」

部下「何番のクラブを選択したんですか？」

部長「たしか……5番アイアンだったかな」

部下「ピンチになっても機転で切り抜ける。プライベートであっても色々と学びを得るなんて、本当にすごいですね。あ、すみません。話の腰を折ってしまって。お話を続けて下さい」

部長「あ、あぁ。えーと、何の話だったかな」

部下「効率化には先を読むのが大切というお話でしたよね。今回の効率化では具体的にどう先を読んだ行動をすればいいのですか？」

部長「今回のことに話を戻すと…」

このグルグルトークを止める、**少しずつ話の話題をずらしていきながら相手のペースをリセットさせる「インターセプトアドリブ」**の話を、農林水産省で開催された「農業女子のためのコミュニケーション講座」で披露したんです。すると、この問題でちょうど悩んでいる方がいらっしゃいました。

「取引先の農家のおばあちゃんの話が長くて困ってたんです。おばあちゃんのことは大好きですし、話も面白いのですが、次の仕入れ先に行かなくちゃいけないし…」

その方は私のインターセプトアドリブを知り、「これはいい話を聞いた」と大変喜んで下さいました。地元に戻って「早速実践しました」とメールで連絡を頂きました。

「早速実践して下さったんですか！　どうでしたか？」

「どうやらおばあちゃん、耳がかなり遠いようでして。こちらが何を言ってもペースは変わらず、話は続いていきました」

……さすがに、そこまでは想定していませんでした。

第7章

話しながら考える【アジャイルトーク術】

CHOI **1** TASHI

7割で話して3割で考える「頭を七三に分けるメソッド」

話すことだけに集中するのではなく、話すことを作業レベルに落としこみ、話しながら別のことを考える負荷に慣れる。同時並行を実現させる

私が小学生の頃は水曜スペシャルとか木曜スペシャルなどの番組がありました。今となってはあまりお目にかからない企画をたくさんやっていました。その中の一つに「ドミノ倒し」がありました。ドミノを丹念に並べていき、世界記録を狙うという企画です。いざ、最初のドミノを倒すと、後は延々と倒れていくドミノを見続けるという、今から考えるとなかなかシュールな番組でした。ドミノが倒れていく間、アナウンサーが緊迫感ある実況中継をします。

とはいっても話すことなど限られてきます。しかし、ドミノは延々と倒れ続けていくわけです。その時、アナウンサーが思わず口走った言葉がありました。

「我々アナウンサーは新人研修の際、7割で話して3割で次の展開を考えなさいと教わりますが…」

この言葉は小学生ながら、私の記憶に深く刻み込まれました。「アナウンサーって、そんな超人みたいなことができるのか！　僕にも本当にそんなことができるのかな？」

ですから、実際、講師として活動する中で、それができないと講師は務まらないといっても過言ではありません。講師に限らず、ラジオパーソナリティや芸人、俳優、教師、その他、人前に立つ様々な職業の方が普通に使っている技術です。

しかし**それらの職業の人にとっては当たり前のこの技術ですが、それを意図的に使っているビジネスパーソンは驚くほど少ない**のです。

そして、小学生の時の私と同じように、そもそも「そんなことが誰でも可能なのか」と疑問を抱く人も比較的多くいます。結論からいえば可能です。

例えば車の運転を考えてみてください。教習所で初めて車のハンドルを握った時の戸惑い！　確認すべきことと気を付けなければならないことの多さに、「本当に運転できるようになるのだろうか」と不安になった方もいらっしゃると思います。

シートベルトを締めて、バックミラーで確認して、サイドミラーで再度後方を確認しながら、サイドブレーキを下ろして、右足でブレーキからアクセルに踏み変えつつ、左足でクラッチを踏んでギアを入れる。左足で半クラッチにしながら…。

当時の私は、車をいともたやすく運転している人を見ると、天才じゃないかと心底尊敬していました。

ところがどうでしょう。免許を取ってしばらくすると、あれだけ難しいと思っていた細々した作業を何なくやってのけ、それどころか、ラジオをかけながら助手席の人と会話を楽しみながら運転しているのです。

運転の一連の流れを作業レベルに落とし込んでしまえば、マルチタスクで他のこと（ラジオを聞いたり会話をしたりすること）も同時並行でできるようになるのです。


そして、これは話すことにも応用ができるはずです。しかも車の運転と違い、初めて言葉を話すわけでもありません。ですが、この同時並行ができる人とできない人の溝は予想以上に深いと、私は感じています。

そこで、**私はまず7割で話して3割で別のことを考えること（頭を七三に分ける）ができている人とできていない人の違いを観察**しました。

すると2つの要素が見えてきました。

1つ目は、頭を七三に分けて話ができる人は、元々が話すことが好きだったり、得意な人が多いということです。話すことが苦でないので、話すという行為を作業レベルにまで落とし込みやすかったのです。

2つ目は、職業上やむにやまれず、同時進行で仕事をしなければならない状況に追い込まれていたということです。例えばラジオパーソナリティだったら、放送終了までの残り時間を気にしなければいけません。また、話している途中にディレクターから指示が出たり、リスナーからのお便りが届けられるかもしれません。

企業研修でも講師は講義をしながら、どこで休憩を入れるか、進捗状況と予定時刻のズレは何分くらいかを常にチェックしなければなりません。

そう聞くと「何だ、やっぱり特殊な職業の特殊なスキルじゃないか」と感じる方がいるかもしれません。しかし、それは誤解です。彼らは確かに特殊な状況で、そのスキルを身に付けたわけですが、その状況でなければ絶対に身に付かなかったわけではありません。要はエッセンスだけを抽出してゲーム感覚で身に付ければ良いのです。

頭を七三に分けるスキルは2つの要素からできています。

1つ目は「**話すことを作業レベルに落とし込む**」こと。2つ目は、「**話している最中に別のことを考えるという負荷に慣れる**」ということです。

1つ目のトレーニング方法として、私がお勧めしているのは「実況中継」という方法です。目に映ったもの、耳から聞こえたものを言葉にして声に出すのです。この方法をここで説明すると長くなるので、7章の3「実況中継トレーニング」で詳しく説明しますね。

2つ目の「話している最中に別のことを考える負荷に慣れる」トレーニング法として、お勧めしているのは「アナザートーク」という方法です。まず、「有名人」「スポーツ」「動物」「食べ物」「身体の部位」「地名」など**お題を決めます。そして、会話中に「なるべく自然に」そのお題を入れ込む**というものです。

最初は、めちゃくちゃ疲れます。会話もぎくしゃくして、しっちゃかめっちゃかになります。でも、いいんです。これはいわば車の運転でいえば教習所時代なのです。これを続けていると徐々に慣れてきます。

日常会話でも、**今まで10割の全力投球で会話していたのが、7割ほどで会話できるようになります。そうすると相手の表情や話した内容、単語を頭の片隅に覚えておく余裕が出**

てきます。

そうして覚えておいた相手の話した内容や話題を10分後くらいに使うと、意外とウケたりします。

あれ？　どこかで聞いたこと、ありませんか？　そう、第6章の4で紹介した「タイムスリップアドリブ」（136p参照）です。

そうなんです。**この本で紹介するテクニックは、「頭を七三に分ける」というスキルを習得しておくと、かなり簡単に再現できます。**

もちろん、それぞれのテクニックは単品でも使えます。しかし頭を七三に分けられれば、3割の余力（余白）がある分、各テクニックを使いこなすことがとても楽になります。「頭を七三に分けるメソッド」はぜひマスターしてもらいたいスキルです。

話が苦手な人は
頭を10割フル回転で
会話するので
自分のことだけで
アップアップになっているから
よくいるよね
こういう人、
一所懸命
なのは
わかるけど
ちょっと、人の話
聞いてる？
お話迷子に
なってるし！
余裕が
なさすぎて
会話がギクシャクしがち
はぁ〜〜〜、
また
失敗した〜
だったら頭を
七三分けに
してみたら？
余白
会話
7：3
トレーニング方法は
この2つ
実況中継
と
話しながら
テーマとは別のこと
を考える
なんだか
むずかし
そう…
大丈夫！
努力すれば
なんとか
なるっす！
オレでも
できたんだから
自動車も自転車も
訓練するのは大変だけど
体得したら一生もの
実況中継始め
頭の七三分けも
それと同じ… いや
それ以上に
役立ちますよ

CHOI 2 TASHI

話しながら考える「アジャイルトーク」

だいたいの話の内容を決めておいて、話しながら(3割の余白で)お話迷子にならないように軌道修正をして結論までの道筋を組み立てる

アジャイルというのはDX（デジタルトランスフォーメーション）でよく使われる言葉です。

それまでソフトの開発はウォーターフォールと呼ばれるものが主流でした。厳密に設計図を最後まで作って、設計図通りに作り上げていくという形式です。水が上から下に落ちるように、後戻りしない作り方です。

一方、**アジャイル開発**という方式は、詳細を決めずに、だいたいのお客さんからの要望と仕様を決めておいて、試作を作りながら意見を聞き、改良を加えていく形式です。**走りながら完成に近づけるイメージ**でしょうか。

ほら、ウインドウズのOSとか完璧なものができたからリリースするわけではなく、リリースしてからアップデートを繰り返して修正していきますね。あんなイメージです。

何を偉そうなことをいっているかというと、別にDXのことも知ってるんだぜと自慢したいわけではありません。実際、アジャイルに関しては、ここに書いた以上のことは知りませんし、知らなくていいと思ってます。**トレンドワードは「大体こんな意味合い」程度がわかっていればいいんです。**それについては別の項目でお話しします（226p参照）。

ここでお話ししておきたいのは前項でもお伝えした、**「頭を七三に分ける」ことができると、話している最中に次の展開を考えられたり、話の軌道修正ができるということです。つまり、話の流れを厳密に全て組み立ててから話し始める必要がない**のです。見切り発車のまま話し始めても、ちゃんとクロージングまで辿り着けるようになるのです。

では、「頭を七三に分ける」メソッドが身に付いていないまま、見切り発車で話し始めるとどうなるか？

今、話している内容に１００％の力を投入しているので、話の結末がどこに行くのかわからなくなってしまいます。たとえるなら、見知らぬ場所をカーナビを使わずに雰囲気と勘だけで運転しているようなものです。

その結果どうなるかといえば、そう、お話迷子になります。「えーっと、私、何を話そうとしてこの話を始めたんだっけ？」という状態です。

お話迷子を防ぐには、頭の中の3割の余白に「言いたいこと」を付箋で貼っておくだけでいいのです。どんな話に寄り道をしても、最終的にはその付箋で貼っておいた結論に向かって話を組み立てればいいのです。その組み立て方は、第7章の4「ブリッジトーク」

（168p参照）で詳しく話しますね。

何か、この項目自体が繋ぎのようなブリッジみたいになってすみません。でもここで書いていることは重要なことなんです。いや、ホントです。ホントですってば！

CHOI 3 TASHI

お風呂に入りながらできる「実況中継トレーニング」

目にしたこと、耳にしたことを、そのまま言葉にし続ける「実況中継トレーニング」で、頭の中のイメージや考えを言語化することに慣れていく

話がわかりにくい人には3つのパターンがあります。「わからない文章で話す人」「わからない言葉で話す人」「自分の考えを言語化できない人」の3つのパターンです。

「わからない文章で話す人」というのは、道案内の下手くそな人です。「この近くの郵便局の場所を教えて下さい」と聞かれて、グーグルマップのストリートビューのように目に映る店の名前や目印をこと細かに、これでもかと話す人です。

要点が絞れていないので聞いているほうが情報過多になって、かえって頭が混乱してしまいます。「だいたいこの方角に250メートルくらい行ったところです。曲がるポイントは3ヶ所で…」とポイントを絞って説明してくれたほうが、よほどわかりやすく郵便局まで辿り着けます。

「わからない言葉で話す人」というのは、**専門用語を多用する人。カタカナ用語や四字熟語を多用する人**もこの部類です。わからない用語が出てくると、聞き手としては、そこで一度立ち止まり、「その言葉って何だっけ?」と頭の中で考えなければなりません。考えているうちに、話が先まで進んでしまっていることもあります。すると集中力が切れて「もうこの話、聞かなくていいや」となってしまうのです。

この2つの改善策は簡単です。**「話法を学んで結論から話す」「専門用語、カタカナ用語、四字熟語を意味のないところで使わない」ことに気を付ける**だけです。

では、「**自分の考えを言語化できない人**」はどうでしょう。できないとまではいわないけど、「言語化が苦手」まで対象を広げると、かなりドキッとする人もいるのではないでしょうか。

これにも、ちゃんと改善策はあります。それが**「実況中継」というトレーニング**方法です。目に見えるもの、耳にするものを言葉にして、声に出して言ってみるという極めてシンプルな方法です。

この実況中継トレーニングは〝**3段階**〟に分かれます。

まず**第1段階は、目に映るものを「そのまま」言葉にして声に出します。**例えば、お風呂場で浴槽に使っている時ならこんな感じです。

白い壁が見えます。その壁から右に視線を移すとシャワーがあります。シャワーへ

ッドからは水滴がぽたぽたと垂れています。シャワーの横には鏡がありますが曇っていて……。

これはどんな意味があるかというと、**脳の中で「言語化するプロセス」のパイプを太くするトレーニング**です。もう少しそれっぽくいうと、脳内の視覚に関するシナプスと、脳内の言語化に関するシナプスの結び付きをより強固にするトレーニングです。

これができるようになったら、**第2段階**です。次は目に見えるものを言葉にしつつ、そこに**「感想や説明」を合わせて言葉にします**。

白い壁が見えます。その壁から右に視線を移すとシャワーがあります。このシャワーも買い替えてから5年が経ちます。シャワーって何年くらいが買い替え時期なんでしょうね。シャワーヘッドからは水滴がぽたぽたと垂れています。シャワーの横には鏡がありますが、曇っていてよく見えません。鏡ってどうしてあんなに曇るんでしょう。水垢落としの石みたいなのを買ってきても、曇り止めのスプレーを買ってきても、全然効果があった試しがありません。

この第2段階に慣れてたら、ついに**第3段階**です。第3段階では**目に映るものを言葉にしつつ、感想と「思い出したこと」を付け加えていきます**。

白い壁が見えます。その壁から右に視線を移すとシャワーがあります。このシャワーも買い替えてから5年が経ちます。このシャワーヘッドは妻と2人で家電量販店に買いに行きました。どれがいいのかとかなり悩んだ末、決め手となったのは、ヘッドの所にカルキの除去剤が入れられるというところでした。水道水に含まれるカルキが髪の毛を痛めるという説明を聞いて、これに決めました。3ヶ月ごとに除去剤を交換すれば髪の毛にダメージを与えなくて済むということで購入したのですが、気が付くともう3年くらい交換していません。最近、私の抜け毛が増えてきた気がしますが、もしかしたらこれが原因なのではないかという気がしてきました。シャワーヘッドからは水滴がぽたぽたと垂れています。シャワーの横には鏡がありますが、曇っていてよく見えません。鏡ってどうしてあんなに曇るんでしょう…。

お風呂場でなくても、道を歩きながらブツブツつぶやきながら実況中継でもOKです。ここまでできると頭の中に思い浮かんだ光景や、考えを言語化することに抵抗がなくなってきます。もちろん、「このイメージに合う言葉って何だろう」と考えることはありますが、それは後々克服されていきます。

この状態には練習すれば誰でも辿り着けます。そして、この「話すことを作業レベルに落とし込む」ことができると、「頭を七三に分けるメソッド」の完成にぐっと近づけます。

CHOI 4 TASHI

着地点までの橋渡しを意識した「ブリッジトーク」

話の着地点を意識しながら、現在進行中の話題や戻りたい話題との共通点を探す。その共通点が橋渡しとなり、話全体がまとまる

頭を七三に分けることができると、別のことを考えるためのスペース（余白）が3割確保できます。この3割の余白を活用すると、お話迷子にならなくてすみます。そもそも何故お話迷子になってしまうのでしょう。

「この前、久々に二郎系のラーメンを食べたんだけどさー、本当はちょっと不安だったんだよね。ちゃんと食べ切れるかなって。上にマシマシで乗っているもやしを食べるのにひと苦労じゃない？　いや、以前はかなり頻繁に食べてたんだよ。1週間に昼夜合わせて10回くらい。そのうち店に入るだけで店長から『全部マシマシ麺固めね？』って確認されるまでになっちゃって…。

ま、それが原因かどうかわからないんだけど、ちょうどその頃、健康診断があってさ、血液検査をしたんですよね。そうしたら、中性脂肪の値がヤバいことになってて。通常なら数値は150未満が正常らしいんだけどさ。ちなみにテレビで知ったんだけど、マツコデラックスさんで158。ところが私の数値は、何と2107。診断してくれた先生がおじいちゃん先生だったんだけど、『長年医者をやってるけどこんな数値は見たことないよ。後、年間何千件も検査している検査会社からも血液の中に何を混ぜたんですかって、お叱りの電話が来たよ』って言われたんだよ。私、思わず先生に聞いちゃいましたよ。この数値って、どんな意味なんですかって。そうしたら、『血液がドロドロで、あなたの年齢ならいつ血管が詰まってもおかしくないですよ。最悪、脳の血管が詰まったら、そのまま…ってこともあり得ますので、すぐに投薬治療しましょう』って言われちゃったんだよ。薬を飲んでも、数値が600までしか下がらない状態。本気で血管が詰まるんじゃないかと心配したよ。

当時、その話をザ・ニュースペーパーの先輩の松下アキラさんに話したら、何て言ったと思う？『大丈夫。桑は大丈夫だよ。普段からつまらないから』って。これって、どう思う？…って、あれ、何の話をしてたんでしたっけ？（ちなみに全て実話です）」

こんな状態です。こういう時は頭の3割の余白に「寄り道する前に言いたかったこと」**「結論」「着地点」「分岐点」などを、それぞれ付箋にメモ書きして貼っておく感覚です**。そして、「ん？何の話だっけ？」となった時に、慌てず付箋に書いて貼っておいたメモ書きを思い出します。そこで「あ、そうそう。話が脱線しちゃいましたね」と戻ってもいいのですが、ここで使いたいのが「**ブリッジトーク**」です。

今の話題と戻りたい話題に橋をかけるように話すのです。やり方は簡単。**現在進行中の話題と戻りたい話題の共通点を探します。**共通点の見つけ方は連想ゲームの要領です。ダジャレや謎かけのような発想でも構いません。

例えば先ほどの例だと、「話がだいぶマシマシになりましたが、そのマシマシのもやしを食べている時が一番の不安なんですよ」、とトークを続けるのです。するとトークがツギハギにならずあたかも**最初から用意していたように**グラデーション的に進行します。

これは、プレゼンや講演会の時にクロージングがうまくいかない人にも試してほしいテクニックです。**あらかじめ最後の着地点で言う決め台詞を付箋に書いて、頭の3割の余白に貼っておくと、どんな話題になろうが、どんなに話がとっちらかろうが、この「ブリッジトーク」で橋をかけて戻ってくることができます。**結果的にエンディングでビシッと決まり、話全体がとても締まって見えます。

「ピーク・エンドの法則」によると一番面白かったこと（あるいはつまらなかったこと）と最後が最も記憶に残ります。終わり良ければ全て良し。最後にビシッと決まらない方、ぜひ「ブリッジトーク」をマスターして下さい。うん、ビシッと決まったな（自画自賛）。

CHOI 5 TASHI

余白の3割で相手を観察する「寄り添いトーク」

話をしながら相手の表情を見て、相手の話への理解度をチェックする。その表情を判断しながら、対策を考え、話を膨らませるなどの工夫をする

3割の余白でできることはたくさんにあります。「次の話の展開を考える」「たとえ話を考える」「着地点までの橋渡しを考える」など、工夫次第でいくらでも活用できます。

そのうちの一つに「相手の表情を観察する」という活用法があります。**話をしながら相手の表情を見て「わかっているか」「楽しんでいるか」「飽きていないか」を観察します。これが「寄り添いトーク」です。**

もし、相手がわからなそうな顔をしていたら、対策を練ります。もう一度違う言葉で説明し直したり、あるいは、たとえ話を使って説明してもいいかもしれません。「伝わってます？」と直接聞いてしまうのもシンプルですが効果的です。

ニコニコと笑顔で楽しんでくれていたら、似たような話題を追加して、少し寄り道をしてもいいかもしれません。いわゆる「話を膨らませる」というやつですね。

飽きていたら、思い切って話題を変えてみます。相手が好きそうな話題に唐突に話題を変えてみます。大丈夫！　ブリッジトークで、ちゃんと元の話に戻ってこられます。

「この前、耳鼻科で聞いたんだけど、突発性難聴って2週間経つと、完治する確率がかなり減るんだって。（ん？　わからなそうな顔をしてるな。突発性難聴っていう言葉

が難しかったのかな？）　難聴にも種類があって、ある時突然片耳だけ聞こえにくくなるんだって。40〜50代が多いらしいけど、若い人でもなるらしいよ。（お、へぇ〜って顔に変わったな。やっぱり言葉が難しかったのか）　でも片耳だし、何とか聞こえるから、つい様子見で放置しちゃう人が多いらしいよ。（イマイチ実感できてなさそう。放置したらヤバそうな例ってないかな）　先延ばしにしているうちにじわじわと水面下で進行しちゃう。家のシロアリ問題みたいだね。（お、深刻さが伝わったようだ）」

慣れてくると、こんな感じで会話をしながら対策を練ることができます。

さらに、この「寄り添いトーク」の便利なところは、マンツーマンの日常会話でも商談でも使えるところ。さらに大勢の人の前で話すスピーチでも使えます。第2章の緊張とのうまい付き合い方でも説明しましたが、大勢の人の前で話す時に聞き手の表情を観察していると緊張の度合いが減るというメリットもあります。

相手を飽きさせず、相手が望むような話題をしながら、最終的にこちらが話したい内容にスムーズに持って行く「寄り添いトーク＋ブリッジトーク」って最強ですね。

第8章

刺さる【キャッチーな造語】の作成テクニック

CHOI **1** TASHI

かけ離れた言葉同士でたとえる「ブラジルトーク」

キャッチーなワードとして、離れているもの同士でたとえる。かけ離れている単語だからこそ共通点がハッキリして意外性が出る

話の中にキャッチーなワードが出てくると、それだけで話が華やかになります。話自体がそのワードに引っ張られるように進んでいきますし、話の内容を思い出す時に、そのワードがインデックスのような役割を果たすので思い出しやすくなる効果もあります。

では、どのようにしてキャッチーな言葉を作れば良いのでしょうか？　それこそ方法は無数にあるのでしょうが、ここでは私がよく使う方法の中から一つ紹介したいと思います。

それが「**ブラジルトーク**」です。**離れているもの同士でたとえるのです。**何故ブラジルかと言えば、単純に日本から一番離れているからです。

どうして離れているもので、たとえるのがいいのでしょうか？　それは**離れているもの同士のほうが共通点がハッキリするからです。なおかつ、離れているほうが意外性が出ます。**これは「謎かけ」にたとえると、わかりやすいかもしれません。

「アロマと掛けまして、たばこと解きます。その心はどちらも匂いが気になります」
「お好み焼きと掛けまして、ニュースと解きます。その心はどちらもソースが決め手です」

どちらのほうがより面白いかと言えば後者ですよね。一目瞭然です。

〝かけ離れた発想〟をトレーニングする方法としてお勧めなのは、「ブレインマップ」を使う方法です。ブレインマップは簡単にいうと、**中央に書いた一つの言葉から、連想される単語をどんどん枝分かれさせて書いていく方法**です。

連想される単語をどんどん書き込んでいき、最後に紙を見渡します。書かれた言葉の中で一番かけ離れた言葉を探します。そして、かけ離れた言葉同士を無理やりくっつけて、共通点で括ります。先ほどの謎かけの要領ですね。

元々が1つの単語から派生した連想ゲームで出てきた言葉なので、それほど苦労しなくても共通点は見つかるはずです。逆に共通点が見つからないほど遠くかけ離れた言葉が出てきたのであれば、発想力トレーニングとしては大成功です。

実をいうと、私はコントや短編小説で全然ネタが思い浮かばない時に、飛躍した発想を生み出そうと思って使い始めました。その結果、トークの最中でも「かけ離れた単語を使ってのたとえ方」が以前より楽にできるようになったので、使える！と思い紹介しました。

CHOI 2 TASHI

あえてカタカナを多用する「中二病ネーミング」

誰もが知っている英単語をカタカナにしたり、難しいイメージの専門用語を使うことで引っ掛かりが生まれ、キャッチーなワードになる

私はマンガやライトノベルが大好きです。特に「転生もの」と呼ばれる比較的パターンが決まった話が大好きです。この手の主人公はたいがい他の人よりも圧倒的に強い能力を持っているのも「お約束」です。そんなマンガによく出てくるのが、大袈裟すぎる魔法のネーミング、あるいは魔法を使う時の呪文詠唱でのケレン味たっぷりの演出です。

雄大なる水の精霊にして　天に上がりし雷帝の王子よ！　我が願いを叶(かな)え　凶暴なる恵みをもたらし　矮小(わいしょう)なる存在に力を見せつけよ!!　神なる金槌(かなづち)を金床(かなとこ)に打ちつけて畏怖(いふ)を示し　大地を水で埋めつくせ!!　ああ雨よ!!　全(すべ)てを押し流し　あらゆるものを駆逐せよ――…　豪雷積層雲(キュムロニンバス)!!!（『無職転生』理不尽な孫の手著　より引用）

個人的にはこんな感じの、いわゆる**中二病（厨二病）のフレーズ**って大好きなんです。ちなみに、中二病とは、思春期を迎える中学二年生くらいが夢想しがちな、「自分は本当はすごいんだ」と背伸びする言動を自虐的にいった言葉です。

こういうネーミングセンスのどこがいいのかというと、背伸びしようとしているので、一見すごそうに見えるところです。しかも、よくよく見るとビジネスシーンで使うには

ちょっとカッコ悪かったりします。そこがいいんです。少しバカバカしかったり、ダサかったりするところが逆に違和感になって、引っ掛かりを生むわけです。

この手の中二病ネーミングと相性がいいのは**カタカナ**です。しかも、誰もが知っている英単語をカタカナにすると、ちょっとしたダサさも生まれて、隙（すき）ができます。**あえて隙（すき）を見せると、人によっては敷居が低くなり、好印象を持つ人もいます。**

また、日常会話ではなるべく使わないほうがいい、「**専門用語**」もキャッチーさを演出するには有効です。普段のトークの中で専門用語を使うと「ん？　それ、何だっけ？」となってしまいます。しかし、キャッチーなワードや造語を作る時には、この「ん？」が、逆に引っ掛かりを生むわけです。

ここまで読んできてすでに気が付いた方もいるのではないでしょうか？　一度本文を離れて目次に目を通してみて下さい。

いかがですか、気づかれましたか？　中二病ネーミングのオンパレードでしょ？

何人かの方は、この「ちょっとダサさを感じる、わけのわからないネーミング」に興味を持って、本書を手に取った方もいるのではないですか？　そういうことです！

カタカナ語って便利ですよね
トリガー
レセプション
リアクション
ソリューション
アイスブレイク
セルフアクト
専門用語を使うと一見かっこ良さげだしキャッチーだし
実はちょいダサなところもかえって好印象だったり
ちょっと大ゲサだけどつい聞き入っちゃう
でも使いすぎるとただの痛い人になっちゃうから気をつけて！
AIリテラシーはITソリューションやデジタルトランスフォーメーション、様々なデバイスとのマッチングを～
それって何語？
日本語は接続詞だけだし内容は入ってこないし
カタカナ語を使うのはちょっと背伸びしてかっこつけてる「ヒヨっ子中二生」みたいだって？
いいじゃないすか
イェ～イ
注目された者勝ちですから

+ CHOI 3 TASHI +

ズラした言葉で、魔法をかける「糸井重里ネーミング」

普通は使わない言葉の組み合わせで、違和感や引っ掛かりを演出。みんなが知っている言葉の使い方や意味をズラした「たとえ」を使う

日本を代表するコピーライター、糸井重里さん。糸井さんを一躍有名にした、コピーの一つに「おいしい生活。」というものがありました。コピーライターという職業の認知度を広げた言葉だったように思います。

「おいしい」という言葉の元の意味は「物の味がよい。うまい」（広辞苑）という意味です。糸井さんはその本来の意味から少し拡大解釈して、「物の味がよい」⬇「美味なものを食べると少し幸せな気持ちになる」⬇「ちょっとラッキー、ちょっとハッピーという感覚」、それ自体を「おいしい」、と表現したのではないでしょうか。

お笑い芸人の世界でも、失敗しても笑いに繋がったりすると「おいしい展開」などと表現しますが、この糸井さんのコピーに端を発しているのだと思います。（明石家さんまさんが作ったという説もあります）

ここまで革新的な「**みんなが知っている言葉で、誰も使ったことのない使い方**」を生み出すのは無理だとしても、ちょっと普通は使わない言葉の組み合わせで、違和感や引っ掛かりを演出することはできます。

例えば、最近すっかりお馴染みとなった感のある大谷翔平選手の「**二刀流**」も、本来の意味は宮本武蔵に代表される、文字通り「刀を二振り持って戦うこと」ですよね。それが転じて二つのことを同時にうまく行うことという意味になっています。

私は「で、結局、何がやりたいの？　お笑い芸人？　俳優？　講師？　何を目指しているのか全くわからない」といわれることがあります。それも**「芸人・講師の二刀流」**「**芸人・俳優・講師の三刀流**」と言い切ってしまえばいい気がします。

話が逸れました。いずれにしても、「みんなが知っている言葉で、誰も使ったことのない使い方」を生み出すなんて、とても難しいことです。だから、そんな場外ホームランを狙う必要はないのです。**ほんのちょっと使い方をズラせばいい**のです。

ズラして魔法をかけましょう。

- ちょっと太ってしまった⬇身体が「豊か」になった
- かなり口やかましいクレームの対応⬇「にぎやか」なクレームに対応

こんな風に表現すると、ちょっと遊び心があっていい感じがしませんか？　形容詞にこだわらず、特定のシチュエーションを似たような状況の言葉で置き換えてみても面白いかもしれません。ここでも「連想ゲーム」の発想で、楽しみながら練習してみて下さい。

- 会社を退職したから人間版ブックオフに行ってくる
- 先週の1週間はずっと課長のウーバーイーツ
- 妻とは10年以上ソーシャルディスタンス
- 財布の中で千円札が貸し切り状態
- 恋人からのLINEが長期休暇中
- スケジュールが満員電車

このように多少自虐的なものも、こういう意味をズラした「たとえ」を使うことで、ユーモアもあり少しだけポップになったりします。

また、こういう連想ゲーム的な言葉遊びは「たとえ話」のトレーニングとしても効果的です。遊び感覚で色々試して下さい。それを日常会話で使ってみて、**毎回ウケるものが出てきたら「自分の中の鉄板」としてストック**しましょう。ちなみにお笑いでいう鉄板とは、「鉄板＝硬い」から「堅い」に転じて、どんな時も確実に笑いがとれるネタのことです。

+ CHOI **4** TASHI +

流行語を活躍させる「トレンドネーミング」

今、流行の言葉を、とりあえず入れ込んでみる。トレンドワードは、それだけで妙な説得力とパワーを持っているので活用する

グーグル以外の検索サイトには必ずといっていいほどニュースが並べられています。それはトップ画面にニュースを配置しておいたほうが閲覧数が伸びるからです。

では何故、閲覧数が伸びるのでしょう？　どうやら**人間は新しい情報を欲する生き物だからのようです。逆に「みんなが知っているのに自分だけ知らない」という状況だと不安を感じてしまう**のです。

最近ではテレビ離れが進んでいるといわれていますが、それでもネットニュースや、朝晩のニュースくらいはチェックする、新聞はざっと目を通すという人は多いと思います。

それを利用したのが**「トレンドネーミング」です。今、流行りの言葉をとりあえず入れ込んでみる**のです。厳密な意味合いでなくても、多少強引でも構いません。それっぽいニュアンスが伝わればいいのです。

例えば誰かのレポートをツギハギして、文章を作成したとします。

- 借りパク文章術
- コピペ文章術
- ChatGPT的文章術

どの表現が何となくそれっぽい感じがしますか？

私の「アジャイルトーク」なども、この類いです。トレンドワードはそれだけで妙な説得力とパワーを持っています。 これを活用しない手はありません。

では、どうやってトレンドワードを集めるか？　詳しくは第10章の「ニュースの切り取り方」のところでお話ししますが、何も朝から晩までニュース番組にかじりついて、世の中の流れを追う必要はありません。

インターネットを活用すればいいのです。**「グーグルトレンド　リアルタイムの検索トレンド」などで調べたワードを、大体3回くらいを目安にそれぞれ違うサイトで意味を調べなおします。** 何故3回調べるのかといえば、1回だけだと、そのサイトの情報が本当に正しいのか裏どりがしにくいからです。

そして、「何となくの意味」を掴んだら、それを活かせないかを考えてみましょう。

そうすれば、ナウなヤングにバカウケで、あなたのセンスは赤丸急上昇です。

……すみません、かなり昔のトレンドワードを使っちゃって。

人の注目を集めるキャッチーな話ってどうやったら作れるんだろ
この影の薄さをなんとかしたい…
おやおや?
何やらお悩みのようですね
あっ、あなたはパク太郎さん
皆の注目を集めたい? それならトレンドネーミングを使ってみて!
ググったらいっぱい出てくるし
話したいことに「トレンドワード」を組み合わせて造語をつくる? パクるんですか?
ちっが〜〜う 人聞きの悪いことは言わないの〜〜
話題や言葉をいれ込んでみるだけ! いい意見もクソまじめなだけだとつまらないでしょ
そうか! 話題性と柔軟な思考
ぼくに足りなかったのは、それだったのか
いやいやぁ〜〜 あなたに足りないものがもう一つありま〜〜す
えっ、な…何ですか?
突き抜けたキャラでーす
ピコ ピコ
ピコ ピコ
これって誰かの丸パクリじゃないですか〜
楽しいけど…
ピコ ピコ
ピコ ピコ

CHOI 5 TASHI

グーグル先生に教えてもらう「グーグルネーミング」

言葉探しに困ったら、グーグル先生を頼ってみる。類語辞典を使うと、様々な表現が出てくるので、その中から新しい言葉を作ってみる

何となくこんな感じのことが言いたいんだけど、どうもしっくりくる言葉が見つからない。そんな経験ってありませんか？

私はそんな時にはさっさと諦めます。一応30秒は努力するのですが、**30秒で思い浮かばない時には諦めます**。元々、自分の才能とか自頭の良さなどに期待していないのです。

では、もう完全にその作業自体を諦めてしまうのかといえば、そうではありません。自力での言葉探しを諦めただけで、言葉探しを諦めたわけではありません。

そんな時に頼りになるのが、グーグル先生です。私がよく使うのは「類語辞典」です。

例えば、「何かモヤモヤしていてスッキリしない状態を解消したい」という言葉を探していたとします。そんな時は「類語　モヤモヤ　解消」と打ち込んで検索します。

すると「モヤモヤが消える」の類義語や言い換え・同義語、「モヤモヤが晴れる」の類義語や言い換え・同義語などが出てきます。「モヤモヤが消える」の類義語を調べてみると「気が晴れる」「スッとする」「スッキリする」「わだかまりがなくなる」「胸のつかえがとれる」「晴れ晴れする」など様々な表現が出てきます。

試しに「モヤモヤが晴れる」の類義語を調べてみると「すがすがしい気分になる」「気分

爽快になる」「心が晴れやかになる」「霧が晴れる思い」「胸がすく」「気持ちの整理がつく」「吹っ切れる」などが出てきます。

これらの言葉を見て、ピンとくるものがあればそれを使えばいいし、これらの言葉からヒントを得て、新しい言葉を作ってもいいでしょう。

- 気持ちの整理がつく ⬇ 気持ちのお片付け
- 霧が晴れる思い ⬇ モヤモヤトンネルの出口

ちなみに「晴れ晴れする」にヒントを得て、「晴れ」の類義語を検索してみると、候補に「晴れ」の類義語の他に、「晴れやか」の類義語、「晴れの日」の類義語、「秋晴れ」の類義語、「晴れ間」の類義語、「冬晴れ」の類義語なども出てきます。

面白そうなので「晴れの日」の類義語を調べてみると、「祝意（を表する）」「幸運を祈る」「ファンファーレを鳴らす」「お祭り気分」「喝采の嵐」「激しい拍手と歓声」「ビールをかけられる」「スタンディングオベーション（で讃える）」「クラッカー」「祝杯」「金一封（を渡す）」「（るんるん）らんらん」「有頂天」「夢見心地」「上機嫌」「（嬉しさで）はしゃぐ」「胸が弾む」「天にも昇る（心持ち）」「痛快」「（気持ちが）高ぶる」「風通しのいい（職場）」とたくさん出てきます。

- ファンファーレを鳴らす⬇胸の奥でファンファーレ
- 夢見心地＋お祭り気分⬇夢見心地なお祭り気分
- 風通しのいい⬇心に爽やかな風が吹き抜ける

グーグル先生に頼ると、意外としゃれた言い回しができますよ。ぜひ活用を！

第9章

別れ際に【爪痕を残す】エレベーター前の一言

CHOI 1 TASHI

30年前の就活で出会った【爪痕を残した言葉】集

就活の面接では、相手企業との共通点を必死で探した発言から、熱意が伝わる。それが企業に対して大変興味を持っている姿勢だと、評価されて爪痕を残せる

私が就職したのは1992年4月。ですから就職活動は前年の1991年でした。私は時々、わけのわからない行動に出る時があります。

大学3年生の秋に何を思ったか、「アナウンサーになりたい」とマスコミセミナーの専門学校に通いました。結果は32局受けて全滅。他の受験者が大学1年生からアナウンス研究会に入り一生懸命頑張っていたことを考えれば、まぁ当然といえば当然の結果ですけどね。しかも私、滑舌悪いし（笑）。

さて、**そんなわけのわからない就職活動をしたので、色々なエピソードを耳にしたり、実際に体験しました。**ちなみに1992年は、最後のバブル入社組と呼ばれていました。バブルの余韻が多少残っていたので、こんなふざけた活動が許されたのかもしれません。その辺の情勢も考慮しながらエピソードを読んで頂ければと思います。

まずは、マスコミセミナーにゲスト登壇された先輩の話です。その方は、ディレクターさんでした。学生時代からマスコミ研究会に所属し、業界を目指していたそうです。

マスコミ研究会に所属していたことも履歴書に書き、面接に臨みました。
当然のように、面接陣から「マスコミ研究会に所属されていたのですか？」と聞かれたそうです。その瞬間、先輩は「しまった！」と痛恨のミスに気づいたそうです。
大勢のベテランマスコミ人を前に、学生風情が「4年間マスコミを研究していました」と言うのは、無謀なケンカを売っているようなものです。そしてその瞬間が来ました。

「へぇ～、君は4年間マスコミを研究していたんだねぇ～。では、マスコミについての君の考えを何でもいいので聞かせてくれないかな」

来ました。一番キツイ質問です。その先輩は思ったそうです。どう答えてもダメだ、まともに答えたら落とされる道しかない、と。そこで起死回生の策に出ました。

「マスコミもエッチも生って魅力的ですよね。…でもマスコミもエッチも生は危険ですね」

場内は爆笑だったそうです。ニュースの顔ともいうべきキャスターさんも思わず笑ってしまったそうです。その先輩は「これはもらった！　切り抜けた」と確信したそうです。

後日、その先輩は見事、次の面接に呼んでもらうことができました。喜び勇んで会場に入ると、系列のテレビ局関係者がずらりと並んでいます。が、キー局の担当者が見当たりません。関西地区や九州地区の局の名前が目に付きました。キョロキョロしていると、こう告げられたそうです。

「いやぁ〜、君の場合は西のほうのノリが合うかなと思って」

32局落ちた私からすれば、すごい成果だと思うのですが、その先輩は「どんなに追い込まれても話題には気を付けるように」と我々学生に注意を促していました。

私たちの時代には面接中に時事問題を聞かれることもありました。おそらく今考えると、**知識として知っているかどうかよりも、不意に想定外の質問が来た時の対応力を見られていたのでしょう。**その時代の有名なエピソードに日産自動車の面接の話があります。

「GNPはどういう意味か説明してください」

面接を受けに来た学生は、社会の授業で聞いたことはあるものの、GNPが何の略なのか全く思い出せませんでした。困り果てたその学生は、意を決してこう答えたそうです。

「ガンバレ（G）、日産（N）パルサー（P）！」

このエピソードが本当なのかどうか、その学生が受かったのかどうかは不明です。都市伝説のようなものです。ただ私たちの時代には、大変有名なエピソードでした。

私が関西のテレビ局で集団面接を受けた時のことです。いつものように志望動機や自己PRを聞かれましたが全然手応えを感じないまま、試験が終わろうとしていました。私はすでに諦めモードに入っていました。私の隣の学生もパッとしないまま面接が終わろうとしていることにかなり焦っていました。

「では、結果は後日お知らせいたしますのでお待ち下さい」面接官がそう告げ、皆が口々に「ありがとうございました。失礼します」と挨拶する中、私の隣の学生は意を決して、叫ぶように言いました。

「どんなに不利な状況に追い込まれても、最後まで諦めず、最後に逆転ホームランが打てるランディ・バースのようなアナウンサーを目指しています。今日はありがとうございました！」

その後、彼が逆転ホームランを打てたのかどうかはわかりません。ただ、私を含め皆が何も言えずに退室する中、勇気を出して発言した学生のそのフレーズは、30年経った今でも私の記憶の中に残っています。

あれから30年。順当にサラリーマンを続けていたら、選考する側になっていてもおかしくない年齢になりました。そこで振り返ってみると、記憶に残っている**「爪痕を残すフレーズ」には、いくつかの共通点がある**ことに気が付きます。

それは**「相手の企業に関係しているワードやエピソード」「時事的なネタ」「相手に対してものすごく興味を持っている姿勢」です。**これは就職活動に限らず、別れ際に爪痕を残したい時にも共通して使える要素です。

一般的に爪痕を残そうとすると、「奇抜なこと」「うまいこと」を言おうとしがちです。ですから「マスコミもエッチも」「ガンバレ日産パルサー」「逆転ホームラン」のエピソードを聞いた時も、うまいことを言ったように聞こえたのでしょう。しかし、違うのです。

これらはうまいことを言おうとしたのではなく、相手と自分との共通点を「何とか作り出そうとした結果」に過ぎないのです。

これらが好意的に受け入れられたのは、**共通点を見つけようとする過程で、「相手の企業に関係するワード」を必死で探してきて、何とか次に繋げたいという思いが、「相手にものすごく興味がある姿勢」として表れ、「熱意」という形で伝わった**からなのです。そこに「時事的なネタ」が絡んでくると、相手はこちらに可能性を感じます。

「今回はいまいちパッとしなかったけれど、ただのダメな奴ではなさそうだぞ。もう一度くらい会ってみてもいいかな」とこちらに可能性を感じてもらえるのです。

人に強い印象を残すってむずかしいですよね
くっ…こいつがラスボス…
フフフフ
××社
面接や営業で苦戦しているアナタ
くそ、攻撃が効かない…
××社
何だ、それでも戦士か？物足りんぞ！ハハハーハハッ
当たって砕けろではすぐにゲームオーバー
マスターソードが折れた…くそこれまでか
ハァハァ
××社
ガハハもうおしまいだ覚悟しろ！
そうならないように爪痕フレーズを前もって用意してラスボス攻略に挑みましょう
あきらめないで
ラスボス魅了ポイント
①相手企業に関するワードやエピソード
②時事的なネタ
③興味がある姿勢を見せる
これでどうだ！
○○社
君かわいいってねー

+ CHOI **2** TASHI +

爪痕を残すための「カルテ式 会話のリサイクル」

相手の情報をカルテ形式でストックしておく。ストックした情報と関連していることなら、工夫次第でほかで流用、リサイクルできる

就活や営業活動などで、爪痕を残すための要素の一つである「相手の企業に関係しているワードやエピソード」は調べるしかありません。相手企業を知っているつもりでも、あえてネットで調べる。

すると、意外に見落としていた事実を発見することがあります。取引先の担当部署とは直接関係ないけれど、全社的に盛り上がっていること、最近新聞で取り上げられた記事、修正された理念や新たな取り組み、社会貢献活動などが紹介されていたりします。

これらを読んで「へぇ〜、そうなんだ〜」と感心して終わったのでは、何の意味もありません。それをメモしましょう。メモは、長い文章を一字一句書き写す必要は全くありません。いや、むしろ**一字一句写してはいけません。象徴的な単語でメモするようにして下さい。**

何故、文章で書き写してはいけないか？　理由は2つです。

1つ目は面倒臭いからです。面倒臭いことは長続きしません。そうでなくても、ひと手間掛けなくてはいけないのです。ショートカットできるところは極力そうしましょう。

2つ目は思い出しにくいからです。単語であれば、記憶に残りやすいというメリットがあります。しかし文章だと思い出しにくいのです。しかも文章全体を丸ごと暗記していれば問題ありませんが、少しでもあやふやな記憶だと、手探りでの会話になります。これはかえって失礼です。**何よりキレと勢いが失われてしまいます**。ですから、必ず1～2語の単語でメモして覚えるようにして下さい。

メモする際は、会社ごとにカードにしましょう。ノートでも構わないのですが、追加事項が出てくると意外と面倒臭くなります。追加しやすい**ルーズリーフ型ノートや京大式カードみたいなものに、箇条書きにするのがお勧めです**。

「そこまでするの？　面倒臭いなぁ」と思われました？　でも、これ、デキる人は結構やっています。企業ごと、担当者ごとに1枚のカードを作って、お医者さんが見る患者の**「カルテ」のようにまとめている**のです。

サラリーマンだけではありません。売上上位の水商売の方にも、カルテ形式でまとめている方が多いと聞きます。常連さんや太客（お金をたくさん使うお客さん）ごとに、出身地、誕生日、血液型、星座、趣味、最近起きた出来事などをメモしているそうです。

変わったところでは、床屋さんでこのカルテ形式を使っている方もいました。「何で、そこまで？　面倒くさくないんですか？」と聞いたことがありました。すると返ってきた答えは「前回、何を話したかを覚えているだけでも会話が弾むんですよ。逆に何も話すことがなくなった時の沈黙のほうが面倒くさくて…」でした。妙に納得しました。

また、**ライブ配信をしているライバー（配信者）の中にも、常連リスナーの情報をカルテにしている方がいました。**誕生日はもちろんのこと、最近ハマっているものや、最近の（そのご本人にとっての）大ニュースをメモしておくのだそうです。ふとした時に「そういえば、○○さんも最近ハマってたよね」などと会話を振ると、リスナーに喜ばれるだけでなく、ライバー自身の会話に広がりが出るそうです。

このカルテを作っておくと、実は他にも活用法があります。それは「会話のリサイクル」ができるのです。

例えばA社の加藤さんがゴルフ好きなら、よく行くゴルフ場の話や気になっているゴルフクラブの話などを聞けるかもしれません。もしB社の武藤課長もゴルフ好きなら、加藤さんから**聞いた話を「実はこの前聞いた話なんですが…」とそのまま流用できます。**うまくいけば、今度は武藤課長から聞いた話を加藤さんに流用することもできます。しかも、

この「会話のリサイクル」は、自分がその分野に詳しくなくても大丈夫。だって「聞いた話」ですから。

同じ趣味の時だけに使えるわけではありません。工夫次第で、色々リサイクル可能です。キャンプが趣味の尾藤さんから、「○○のキャンプ場に行ったんだけど、近くの川に釣りに来ている人がたくさんいた」という話を、釣り好きの佐藤さんに流用することもできます。

会話のリサイクルができるようになると、商談の合間合間の会話が非常に楽になります。毎回、相手が興味ある新しい話題をわざわざ準備する手間が省けるからです。その相手が興味ある共通の話題を、また別の人からも話を聞けたらそのままストックしておけばいいだけなのです。しかも相手からすると、自分の好きな話を振ってくれるので、かなり高確率でご機嫌になります。

自分の話を聞いてくれて、しかも話題が豊富。そういう人のところには自然と人が集まってきます。人が集まってくると、情報も集まってきます。

ビジネスに直接活かせる情報もあれば、直結しない世間話や趣味の話などもあるでしょう。そうした話をストックしておけばいいのです。

え？　桑山はサラリーマン時代にそんな手間をかけてカルテを作っていたのか、ですって？　そんなこと、していたわけないじゃないですか！　趣味や最近のトピックも含めて、そんなに真剣に取引先と向き合っていたら、サラリーマンを辞めずにすんでいましたよ。だからこそ、あなたにお勧めしているんです。

ちなみに、**友だちや知り合いなど、仕事以外のプライベートでもこのカルテを活用すると、好感度がとても上がります。なぜなら普通はそこまで手間をかけないからです。**ちょっとしたほんのひと手間なんですが、絶大な効果を得られますよ。

ところで気づきました？　加藤さん、武藤さん、尾藤さん、佐藤さん…。わりとコーヒー繋がりになっていることに。誰もが考え付くことかもしれませんが、当然このネタもリサイクルOKです。

CHOI 3 TASHI

"○○の人"と名付ける「レッテルトーク」

相手を「○○の人」と一言で表現する。その相手に「○○の人」とレッテルを貼ることで、その人の特徴や特技などが一目瞭然となる

仕事やプライベートで出会った相手のカルテを作っておくと、会話はものすごく楽になります。そして、**カルテを作っておくと、相手が「何に興味がある人か」「何を大事にしている人か」がわかるようになります。**

とはいえ「カルテは重要だし、やりたいと思ってはいるけどなかなかできない」という人は、**相手にレッテルを貼って、「〇〇の人」と一言で表現してみましょう。**

- 海釣りの人
- スキーの人
- 家族大好きの人
- 熱烈タイガースファンの人
- ジャニーズ追っかけの人
- 韓流ドラマの人
- 熱血な人
- ダジャレ好きな人
- ペットの犬を猫可愛がりな人

他人を一面的な見方で判断したり、レッテルを貼るのはあまり良くないと感じている人もいるでしょう。確かに、その通りです。他人にレッテルを貼り、一面的な見方〝だけ〟で判断するのは失礼です。

しかし、切り口としては、これほどスピーディーかつ使い勝手の良いものはありません。よく考えてみて下さい。あなたも無意識のうちにやっていることはありませんか？

・パソコンが壊れた！　…パソコンといえば○○さん
・補助金の申請がわからなさすぎるんだけど、××さんなら知っていそう
・△△さんに聞けば美味しいお店をたくさん知っている

それと同じなんです。**通常は情報が徐々に積み重なって、「○○さん＝パソコン」「△△さん＝グルメ」といったイメージが形成されていくのですが、あえてレッテルを貼ることで、その時間を短縮してインデックスを作ってしまうのです。**

あなたにとって桑山は何の人ですか？　イケメンの人じゃないことは確かですね（笑）。

仕事やプライベートで知り合った人のカルテをつくると
Aさんはゴルフ好き♡
好感度や評価が上がるのはお話ししましたよね
やった♡
ゴルフ話で大盛り上がり
取引き先
やってみたいけど…
ちょっとめんどうくさいな～
レッテル貼り
第一印象
特技
趣味
を元に○○の人と名付ける
そんなアナタはこれをやってみて！
簡単、スピーディー
久しぶりに会った取引き先の担当者名も趣味もすぐに思い出し……
あ、プーさんどうもごぶさた…
はぁ？
カルテやレッテルは極秘扱いですから情報を漏らさぬようご注意を！
あわわ、レッテル名を言っちゃった…
まあ、確かに私は「小熊」でディズニー好きだけどね…

CHOI 4 TASHI

名残惜しさを表情でアピール「山下達郎的お見送り術」

感情移入できる映像や音楽を脳内再生することで、感情を再現させるテクニックを使い、印象に残る表情豊かなお見送り術を実現

クリスマス・エキスプレスというＣＭをご存知ですか？　１９８８年〜９２年頃のＪＲ東海のＣＭです。遠距離恋愛の恋人たちが、クリスマスの時に新幹線で上京して会うという内容で、山下達郎さんのクリスマス・イブのテーマソングが非常に印象的でした。

１分ほどの長いＣＭなのに、シリーズを通してほとんど台詞がないのが特徴的でした。クリスマス・イブの曲が延々と流れる中、新幹線でやってくるはずの彼を恋人が待つのですが、やはり一番の山場は彼を見つけた時の女優さんたちの表情です。

目を見開いて満面の笑みを浮かべたり、逆に拗ねてみたりと、言葉はなくてもその表情でとてもドラマチックな演出になっています。

これをヒントに**エレベーターの扉が閉まる寸前の〝名残惜しさの演出〟**に挑戦です。

商談が終わってエレベーター前までお見送りをします。最後の挨拶を終えて、**エレベーターの扉が閉まる寸前に、ものすごく名残惜しそうな顔をしながら見送られたら、どうでしょう。エレベーター内独特の無言の空間で、商談相手のことや商談の内容を比較的好意的に思い返しませんか？**

少なくとも、「またよろしくお願いします。失礼します」と型通りにお辞儀をされて見送られるよりは、確実に印象に残るはずです。

芝居をしていると魅力的な役者さんは目の使い方が非常にうまい、ということに気が付きます。**大袈裟にオーバーリアクションで喜んだり悲しんだりするより、ほんの少し頬を緩めて目を輝かせたり、少し目を伏せたりする**ほうが、感情が伝わりやすいのです。

とはいえ、それはプロの役者さんの話で、誰もが簡単にできる話じゃないと思われるかもしれません。でも、実はそのテクニックが比較的手軽に再現できちゃうんです。

好きな映画やドラマ、CMなどで恋人同士が相手を見送る切ないシーンを見つける

⬅

BGMが流れていたら、そのBGMごとのそのシーンに感情移入して何回も見る

⬅

その曲が頭の中に流れたら、その時の映像、感情移入していた気持ちを思い出す

⬅

取引先の担当者がエレベーターに乗り込んだら、その曲を脳内再生する・・・・・・・・

⬅

少し切ない気持ちになったら、切ない気持ちを抱えながら丁寧にお辞儀する
（切ない気持ちを振り切るようにして勢いよくお辞儀してもいい）

そんなことをする人はそうそういないので、照れ臭く感じるかもしれません。しかし、**他の人がやらないからこそ、印象に残ります。**相手が違和感を持ったとしても、それは引っ掛かりができたということです。

印象深い曲を脳内再生して感情を再現させるテクニックは、心理学用語の「アンカリング」技法の応用です。元ラグビー選手の五郎丸さんや元プロ野球選手のイチローさん、元フィギュアスケート選手の羽生結弦さんなどで一時期話題になった、「ルーティン」もその一種です。

ルーティンとは、ある特定の動きと心理状態を結び付けておくことで、その動きをきっかけに、強制的にその心理状態に持って行こうとする行為です。

この場合は曲と切ない心理状態をまるで碇（アンカー）を下ろすように結び付けておいて、曲を思い出す（脳内再生させる）ことで、切ない感情がくっついてくるというものです。このアンカリングというテクニックは緊張を和らげたりする時にも使えます。

+ CHOI 5 TASHI +

また会いたいと思わせる「教えて下さいマジック」

「教えて下さい」は、相手の優越感をくすぐることができる大事なキーワード。とことん相手を立てることに徹してみる

マウントをとられるのって嫌ですよね。私も相手にマウントをとられたり、頭ごなしに全否定されたりするのが嫌いです。では、何故マウントをとりたがるのでしょう。

それはきっと気持ちがいいからでしょう。多くの人は、他人より自分が優れている、自分のほうが優位だと感じると、承認欲求が満たされて気持ち良くなります。

褒められる、認められる、表彰される、順位が上がる、肩書きを与えられるなどがそれに当たります。そして、そこまで極端でなくても、「他人が知らない知識を知っている」というのも、気持ち良くなるポイントです。

マウントをとる人との付き合い方は、一言でいうなら、相手に気分よくマウントをとらせてあげることです。マウントをとるの反対語は何でしょう？　負けを認める、卑屈になる…色々な言葉が思い浮かびますが、私は「下手（したて）に出る」だと思います。

卑屈になる必要も、負けを認める必要もありません。「実るほど頭を垂れる稲穂かな」という言葉を思い出しながら、にこやかに〝下手〟に出ましょう。

例えば、具体的には「勉強不足でわからないので教えて下さい」とお願いするのです。

● **若干イラっとされる受け答え**

Ａ「ＡＩがディープラーニングを繰り返すことで、シンギュラリティ（技術的特異点）が起こるのが、２０４５年といわれているね」

Ｂ「シンギュラリティが起こらないという意見も、あるようですけれどね」

● **次にまた会いたいと思われる受け答え**

Ａ「ＡＩがディープラーニングを繰り返すことで、シンギュラリティが起こるのが、２０４５年といわれているね」

Ｂ「詳しいのですね。言葉は聞いたことがあるのですが、なかなか勉強が追い付かなくて。今度、ぜひ詳しく教えて頂けませんか？」

教えて下さいマジックは、媚びを売った感があまりないのに、相手の優越感をくすぐることができるのがポイントです。自分がハマっている趣味について「今度、ぜひ教えて下さいっ！」なんて言われたら……ね？　そうでしょう！

第10章

〝おやっ〟と気になる！【ニュースの切り取り方】

CHOI 1 TASHI

チラ見だけでも詳しそうに見える「レバレッジトーク」

ニュースは共通の話題になる。10秒程度で説明できると、わかりやすく伝わる。話題になりそうなニュースのネタをコンパクトにまとめておく

ニュースの役割とは何でしょう。私は「**共通の話題**」という役割が一番大きいと考えています。「知らなければ非常識だと思われる」「最低限この知識くらいなければバカにされる」といったニュースにまつわる潜在的恐怖も、広い意味では共通の話題でしょう。

さて、ここからが本題です。**もしニュースの主な役割が「共通の話題」であるなら、必死にニュースを追いかけて詳しくなる必要はない**と思いませんか？

ですので、新聞なら大見出しと中見出しだけをざっと拾い読みすればいいのです。そうすれば新聞全体を3分程度で目を通せます。もちろん興味のある記事は読んでOKです。「全ての記事を読む必要はない」といいたいだけなのです。

テレビのニュースなら、ながらで小耳にはさむ程度、ネットニュースなども見出しだけで充分です。

そして、ここからが重要です。もし知らない言葉が出てきたら、まず頭の片隅に覚えておきましょう。**その言葉を3回以上見聞きしたら「どういう意味なのか」「何故、今その言葉が話題になっているのか」を、ネットで検索**して調べます。そして、覚えておくポイントとして、「○○って何？」と聞かれた時には、10秒くらいで答えられるレベルがちょうどいいのです。

何故10秒なのかと言えば、1分位それについて話せる知識を身に付けようと思ったら、検索にかなりの時間を要するからです。**そんな時間があったら、本業に関わる知識やスキルを習得したほうがよほど有益です。**だって共通の話題のための〝ネタ作り〟なんですから。

小学生でいえば、「昨日のあのアニメ見た？」「あのゲーム知ってる？」と同じレベル。そんな軽いノリで良いのです。

商談の時のアイスブレイクとしての会話でも、何気ない日常会話でも、10秒サイズなら手軽に会話に使うことができます。

そして、1つのニュースに対して1分かけて長々と解説するより、**10秒くらいで大枠を話すほうが、「こいつ、わかってるな」感を醸(かも)し出せます。**「もっと詳しく！」と突っ込まれたら？　その時は「実はこれしか知らないんですよね。詳しく教えて下さい」、と**下手(したて)に出てからの「教えて下さいマジック」**です。

突っ込んできたということは、相手はそのニュースに関して詳しいか、興味を持っている証拠です。相手の得意分野を本人に解説させてあげたら、高確率で上機嫌になります。

そうして教えてもらった情報をストックしておきます。別の機会に同じ話題が出た時に、「**聞いた話なんですけど**」と前置きして「××らしいですね」、とあたかも以前から知っていたように会話を繋げられるのです。ここでも「**会話のリサイクル**」登場です。

もし、ストックしておいた情報がガセネタだったら？　大丈夫です、安心して下さい。「聞いた話なんですけど」と前置きして保険をかけています。欲張らず「聞いた話」と前置きすることで、裏取りの手間やガセネタリスクも回避できます。


まとめます。**ニュースは「共通の話題作り」と割り切りましょう**。日々のニュースは熱心に追わず、適当に見出しだけ眺めましょう。知らない用語が「3回以上出てきたら」、ネットで調べて「10秒程度で説明」できるようにコンパクトにまとめておきましょう。誰かに詳しい情報を教えてもらったら、次にその話題が出た時に「会話のリサイクル」をしましょう。

これがニュースの見出しを眺めるという最小限の力でオイシイ効果を得られる「**レバレッジ（てこの原理）トーク**」です。

CHOI 2 TASHI

ちょっと批判的なことを冗談っぽく言う「エスプリトーク」

ブラックユーモア系を好むのは少数派。特効薬でもあり劇薬でもあることが注意すべきポイント。センスが問われるちょっと上級編

最初にお伝えしておきます。これは少々上級編なので、自信がない方は読み飛ばして下さい。

少し批判的なことや風刺的なことをそのままストレートに言うのではなく、ジョークで言うことを「**エスプリ**」「**ウィット**」と呼びます。エスプリはフランス語、ウィットは英語で両者の意味としての違いは、ほとんどありません。

「○○党は、なかなか一枚岩になれないね」
「多様性の時代を意識しているんですかね」
「あそこの会社は社長のワンマン経営だからな」
「それで新入社員がやたら降車ボタンを押したがるんですね」

注意すべきポイントは、批判的なことや毒を含むので、言い方はなるべくソフトにすることです。別にお笑い芸人ではないので、そこで爆笑を狙いに行く必要はありません。わざわざ敵を作るようなエッジの効かせ方はお勧めしません。

また、**ソフトな言い方にしないと、主義主張や信条のように聞こえてしまう**場合もあります。ただでさえ、政治・宗教・野球（応援しているスポーツチーム）の話はタブーとされています。風刺的な発言は、これらの要素が絡んでくることが多いため、特に注意が必要なのです。

演劇や演芸も、元々は為政者を皮肉ったり批判したりする風刺的な意味合いが強いものでした。そのまま批判すると取り締まりの対象になるため、架空の物語（フィクション）という逃げ道を作って、庶民のガス抜きをしていました。しかし、現代ではその意味合いもだいぶ薄まってきているのが現状です。

では、何故わざわざそんなリスキーなことをするのでしょうか。

それは、この手の「**ブラックユーモア**」系は、好きな人は本当に好きなのです。また、**その人たちは自分たちが少数派であることを自覚しています。ですから、センスが合うと一気に心理的な距離が近くなる**のです。しかし何度も繰り返しますが、これは特効薬でもありますが劇薬でもあります。

風刺的なことを言う時の鉄則は「強い者を皮肉る」ことです。弱い者を皮肉ったら、それは単なる弱い者いじめです。マイノリティの方々や社会的弱者に矛先を向けては絶対にいけません。また、人の生死に関わることや、差別的な発言にも細心の注意を払って下さい。**皮肉の中にも礼儀ありです。**

CHOI 3 TASHI

偉人と相手を結び付ける！「私の履歴書トーク」

日本経済新聞の名物コラム、偉業を成し遂げた人物たちの「私の履歴書」。そのストーリーと話す相手の共通点を話題として活用する

日本経済新聞に『私の履歴書』という名物コラムがあります。政治、経済、文化、スポーツなどの分野で偉業を残した方の半生を綴ったコラムです。

この『私の履歴書』が、商談のアイスブレイクに意外と使い勝手がいいのです。何故、使い勝手がいいかというと、意外に多くの人が読んでいるからです。

社会人、それもある程度の役職についている年齢層なら、日本経済新聞を購読している人がかなり多くの割合を占めます。しかも、このコラム欄はとても目立つ場所にあります。通常の一般紙であれば、ラテ欄と呼ばれるテレビ番組が掲載されている面です。一番外側の紙面で、一面と並んでよく目に付くところです。

さらに偉業を成し遂げた方の半生が書いてあるので、自然とストーリーになっているのです。**人間の脳はストーリーが大好物です。単なる情報はなかなか頭に入ってきませんが、ストーリーはすっと頭に入ってきて、しかも記憶に残る習性があります。**

私は以前、スランプに陥り、コントが全く書けなくなった時期がありました。何とかスランプを解消しようと、文章術で有名な作家の高橋フミアキ先生に弟子入りしたことがありました。

高橋先生が小説講座の講義で、人間の脳はストーリーが大好きだという話をしていました。イマイチしっくりこない顔をしていた私たち受講生に、高橋先生が質問しました。

「君たちは芥川龍之介の蜘蛛の糸という小説を知っているかい？」

全員がうなずきます。すると続けて「どんな話だったか、覚えているかい」と聞きました。また全員がうなずきます。

「では、蜘蛛の糸の冒頭は、どんな書き出しだったか言えるかい？」

私も含めて、全員が答えられませんでした。あなたは即答できますか？

ある日の事でございます。御釈迦様は極楽の蓮池のふちを、独りでぶらぶら御歩きになっていらっしゃいました。池の中に咲いている蓮の花は、みんな玉のようにまっ白で、そのまん中にある金色の蕊からは、何とも云えない好い匂いが、絶間なくあた

りへ溢れて居ります。極楽は丁度朝なのでございましょう。（青空文庫より引用）

実際はこんな感じでした。高橋先生は言いました。

「ストーリーは覚えていても、どんな書き出しだったかという情報は覚えていなかったでしょ？」

ストーリーの力を実感した瞬間でした。

話が脱線してしまいました。元に戻しましょう。基本的に情報ばかりの新聞の紙面で、ストーリーが書かれている記事は数少ないのです。つまり、こちらとしても読みやすいし、先方も読んでいる可能性が高いということになります。

アイスブレイクの話題に困った時に何気なく聞いてみましょう。

「日経新聞の『私の履歴書』のコラム、ついつい読んじゃうんですよね」

そこで**反応があれば、次からも〝共通の話題〟として使えます。もし反応がなくてもアイスブレイクとして活用できます。**一般的に社会人として年齢を重ねていくと、偉人の名言や生き方に学ぶ傾向が強くなります。掲載されているコラムの中で象徴的な言葉があれば、それを紹介しつつ、商談相手と結び付けましょう。

「今朝の日経新聞の私の履歴書にあった製薬会社の監査役の言葉に感動しました。治療薬がないまま、結核の患者さんが重篤化して亡くなってしまうのを、なすすべなく見送るしかなかったんだそうです。ところが、抗生剤が開発されて治療が可能ってわかった時に、この会社にしかできないことがあるって感じたそうなんですよ。何かその熱い思いとか、会社を愛する気持ちを読んでたら、不思議と佐藤課長のことを思い出しまして。私、勝手に佐藤課長を重ねながら読んでいました」

他のアプローチとしては、商談相手の出身地や学生時代にやっていたスポーツ、趣味などを事前に聞いておけば、ネットから**『私の履歴書』のバックナンバーの中から、それらと共通している内容を探して、話題にする**こともできます。バックナンバーの検索は有料会員に限られますが効果的です。

私の履歴書に掲載されている方々は、それぞれの分野で偉業を成された方々です。その人たちにたとえられたり、重ね合わせて自分のことに興味を示されたら、誰も悪い気はしません。

「今朝の日経新聞の私の履歴書に載っていたんですが、製薬会社の監査役の方が過去に子会社の社長から急に親会社の社長に大抜擢された時、『少し考えてから返事をしたい』と言わずに、その場で引き受けたらしいですね。すごいなぁと思いまして。そういえば、佐藤課長も新潟営業所から首都圏法人営業部に急遽異動の大抜擢を受けたんですよね。そういう時って、ためらいとか戸惑いとかって、なかったのですか？」

何気ないコラムのように見えて、『私の履歴書』は工夫次第で、実に使い勝手のいいアイスブレイクの話題を提供してくれるのです。

CHOI 4 TASHI

さりげなく努力を演出する「モーニングサテライトトーク」

朝一番でありながらボリューミーで濃い情報内容の本格的なニュース番組「モーニングサテライト」の話題の活用法のコツや情報の選び方を解説

「私、会社の業務の他にも日々頑張って、情報収集したり勉強しているんですよ」

これほどカッコ悪いアピールはありません。しかし、「自分の努力を認めてもらいたい」「他の人たちより少し差をつけたい」時には、テレビ東京系列で朝に放送されている『Ｎｅｗｓモーニングサテライト（モーサテ）』がお勧めです。

同じくテレビ東京系列で放送されている『ワールドビジネスサテライト（ＷＢＳ）』のほうがメジャーですが、こちらはあまりアピールになりません。何故かというと、見ている人が多いからです。もちろん**共通の話題作りという点ではいいように思えますが、基本的には同じニュースからの情報では相手はあまり価値を感じてくれません。**

「昨晩、ＷＢＳで２０２４年問題に対応するために、物流に新幹線を使う実験を始めるというニュースをやってましたね」

「あぁ、そうだね。私も見たよ」

同じニュースを見て、よほど突き抜けた発想やコメントができれば別ですが、そうでない限りは、このような一往復の会話で終わる可能性が非常に高いといえるでしょう。

その点『モーサテ』は少し状況が違ってきます。今朝の放送なので、ニュースの鮮度が高いのです。しかも他の民放キー局のニュース情報バラエティ番組とは明らかに毛色が違うところもポイントです。ニューヨーク市場やＦＲＢ（米連邦準備制度理事会）の動向、その他マーケットの情報や企業の新たな取り組みなど、朝一番とは思えないほど、ガッツリボリューミーな内容となっています。

もし先方の担当者も『モーサテ』を見ていたら、その情報量の濃さと朝早くからそれを見る大変さがわかっているだけに、一目置かれます。さらに自分と同じ感覚・センスの持ち主として、かなり高確率で認めてもらえる可能性が出てきます。

逆に先方の担当者が見ていなかったとしたらどうでしょう。**よくわからないけれど、朝早くから何か本格的なニュース番組を見ているらしいということで感心されるでしょう。**

先方の担当者が少し興味を持って、ネットで番組名を検索したら、番組の内容の濃さに驚くかもしれません。自分にはできないことをやっている、ということで評価は上がるかもしれません。いずれにしても、この番組名を出して損はないのです。

モーニングサテライトの話題を切り出す時には、ちょっとしたコツがあります。

コツの1つ目は、**毎回話題に出さない**ことです。あえて1ヶ月に2〜3回の割合にとどめておくことです。毎回、『モーサテ』の話題を出すと、マンネリ化するだけでなく「私、毎朝早起きして頑張ってますよ感」が出すぎて少々鼻につくからです。

コツの2つ目は、絶対に意気込まないことです。たとえ1ヶ月に2〜3回しか見ていなかったとしても、**毎朝見ている雰囲気を醸し出す**ことです。毎朝見ているけど、そういえば今朝のニュースはちょっと気になったんですよね、くらいの余裕をもって切り出しましょう。

コツの3つ目は、「今朝（あるいは○日前）のモーサテに××というニュースが特集されてましたね」と切り出すことです。つい「今朝モーサテを見ていたら」と言いたくなってしまうのですが、そこはグッと堪(こら)えて**「今朝のモーサテ」という言い回し**にしましょう。理由は後ほどお伝えします。

コツの4つ目は、**難しすぎるトピックに手を付けない**ことです。FRBの動向や、ニューヨーク市場のダウの終値などを話題にすると、すぐにボロが出ます。**お勧めは、毎**

朝やっている「特集」です。別に今朝のとれたてニュースを毎回持っていく必要はありません。ここ2~3日で面白そうな特集をネタにすればいいのです。

「それじゃあ、結局毎日早起きして見なければいけないの?」「そもそも朝5時45分から7時5分に見るなんてできないよ」という方、ご安心下さい。私は最低限の労力で何とかしようとする「レバレッジトーク」を生み出した男ですよ(224p参照)。心配しなくても、ちゃんと抜け道は考えてあります。

有料ではありますが、月々500円前後(2023年7月1日時点)**で、テレビ東京の番組が全て見逃し配信で見られるのです。つまり、朝起きしなくても通勤中の電車の中で今朝の『モーサテ』を見られるのです。**

しかも、帰宅中の電車内で昨夜の『WBS』や、数日前の『モーサテ』も特集のコーナーだけつまみ食い視聴できるのです。

ここでコツの3つ目が活きてきます。「今朝、『モーサテ』を見ていたら」と言うと、「その時間に起きていたわけじゃない」という良心の呵責(かしゃく)を若干覚えてしまうところですが、「今朝のモーニングサテライトで××のニュース」という言い回しなら、早起きしている印象を与えながらも、ウソをついていることにはならないのです。

「モーニングサービス」
一食 500円〜
そこそこ満足
ごっそ〜さん
「モーニングサテライト」
テレ東見逃し配信
月々500円前後
いつでもどこでも
見られる
NEWS
MOning
satellite
早朝
5時45分の
本放送なら
無料だけど
濃ゆ〜いビジネス情報
てんこ盛り！ しかも
他の番組も見放題！
世界の
株式市場
為替の
動向
FRB
金融市場
企業の
新たな取り組み
各分野の
専門家の分析
バラエティ
ドラマ
etc.
名古屋モーニング
みたいで大満足♡
朝食も情報も
しっかり摂って
目指せ！
できるビジネス
パーソン

CHOI 5 TASHI

お主、できるな！と思わせる「トレンドワードサーチング」

トレンドワードをおさえておくことが大事。会話の相手によって、ウェブ検索を活用したり、X（旧ツイッター）検索にするなど使い分けをする

トレンドワードをおさえておくと役に立ちます。トレンドワード自体がパワーを持っているからです。この本でも第8章で紹介した「トレンドネーミング」や、第11章で紹介する「スルーコメント術」でも大活躍しています。

では、トレンドワードは、どうやってアンテナを張ればいいのでしょう？　すでに活用している方も多いと思いますが、ネットを使って調べればいいのです。

私がよく使っているのは、やはり王道の「**グーグルトレンド**」です。グーグルトレンドのいいところは、シンプルで見やすいところです。その言葉が、「いつ、どれくらい検索されたのか」がグラフになって表示されるので、ここ数時間で集中して検索されたのか、あるいはコンスタントに検索されているのかがわかります。

これは一過性のワードなのか、流行に関係なく使われ続けるワードなのかを見極める時に役立ちます。ですから、ネット民が騒いで明日には沈静化しているワードを、得意満面で最先端の情報を知っているスタンスで語って恥をかくことを回避できます。

またグーグルトレンドは、「〇〇がトレンドになっている理由」としてその検索されたトレンドワードに関係するニュースもリンク付けされるため、何故そのワードが検索されているのかもわかります。

グーグルだけだと偏りが出る可能性もあるので、「**Yahoo！ ウェブ検索の急上昇ワード**」「**Yahoo！ リアルタイム検索**」なども使っています。特にリアルタイム検索では、今やっているテレビ番組で何が見られているか、何に関心があるかがザックリと見渡すことができるので便利です。

最近の若い年齢層などは検索エンジンを使わず、X（旧ツイッター）などから調べることが多い、と聞きます。そんな時には「**cotoha.com**」が便利です。グーグル検索急上昇ワードと、X（旧ツイッター）のハッシュタグ検索トレンドワード、が併記されているので、ざっと一覧できます。

ただし個人的な感覚からいうと、まだまだX（旧ツイッター）は瞬間的、一過性のトレンドワードが多いように感じられます。おそらく、その調べる対象の言葉の背景を調べるにはグーグル、他のみんなの意見を調べるにはX（旧ツイッター）、と使い分けているのだと思います。

ですから、**商談相手との会話に使う時にはグーグル検索に重きを置き、若い人との会話で急に入れたら面白そうという言葉を探す時にはX（旧ツイッター）検索、などという風に使い分けが必要**となります。

会話でトレンドワードを使う時のコツとして、その言葉に「不慣れな雰囲気」を出すことが大事です。

いかにも「前から知っていて普通に使っていますが、何か？」という感じで会話の中で使うと、少々生意気な印象になるので注意が必要です。

後ほど「コメディア・デラルテ的ポジション」のところで詳しくお伝えしますが、**おぼろげながら知っていますという雰囲気で会話に使うと嫌味がなく好感を持たれます。**万が一、ワードの使い方が間違っていても笑って許してもらえます。それなのに、「あ、それなりにちゃんと勉強しているんだろうな」という印象も持ってもらえます。

●鼻につく意識高い系の会話例

「アメリカの経済状況も気になるよね」

「今週末のＦＯＭＣの発表に注目ですよね。さてＦＲＰがどう動くか…」

「え？　ＦＲＢでしょ？　本当にわかってる？」

● **好感度の高い手探り系会話例**

「アメリカの経済状況も気になるよね」

「何かＦＯＭＣとか何とかいうのが影響を与えるんですよね。ＦＲＰでしたっけ？」

「違う違うＦＲＢね。ＦＲＰじゃ強化プラスチックだから（笑）」


ね？　同じ間違いでもだいぶ印象が違うと思いませんか？

背伸びする努力より、屈む努力。あなたには、つま先立ちして見栄を張っている人と、しゃがんで目線を落としている人、どちらが魅力的に映りますか？

第11章

MC芸人が使う、ちょうどいい【まわす力】

〔ファシリテーション力〕

+ CHOI 1 TASHI +

目指すべきは「羽鳥慎一ポジション」

リーダーシップ型ではなく、周りのメンバーの意見を丁寧に聞いて、素直な感想を伝え、意見交換を活発にさせる、聞き上手な存在になる

『朝まで生テレビ！』という番組を初めて見た時には衝撃でした。そこで行われている議論の内容が私に衝撃を与えたのではありません。司会進行役の田原総一朗さんが、どのパネリストよりも話している姿に衝撃を受けたのです。

それまでの私の認識では、司会は発表者に意見を求めるために順番に指名する人という認識だったからです。おそらく、司会役という意味では、その認識は今でも間違っていないのではないかと思います。

しかし時代が移り変わり、異業種交流会やＳＮＳなどで、**盛んにファシリテーター、ファシリテーションという言葉が使われる**ようになりました。不思議なものでファシリテーターと呼ばれると、今までの司会ぶりではダメという気持ちになるようです。**個性を消した「ザ・司会」という役割ではなく、自分の意見を差し挟みながら、発言者の意見を取りまとめ**ようとする。そういう人の割合が増えてきています。

私の周りにいる会社員に聞いても、どうやら社内、社外を問わず、会議では話の方向付けをする「ファシリテーター型」が大多数を占めているようです。また、就職活動のグループディスカッションでも、司会進行ではなく、ファシリテーターという役割が設定されています。

ファシリテーターというかっこいい言葉の役割を与えられると、必要以上に頑張ってしまいがちです。「何とかして、話をまとめなければ」「話の流れやゴールをこちらの方向に持って行きたい」「私に与えられたファシリテーターの役割を全うしたい」「リーダーシップを発揮したい」という思いが強くなるのでしょう。

リーダーシップを発揮しようとする際に陥りがちなのが、自分の意見を言いすぎてしまう田原総一朗さん型のファシリテーターです。『朝まで生テレビ!』は、田原さんの番組なので田原さんが話しすぎても成立します。むしろ、それを楽しみにしている視聴者も多いはずです。しかし、通常の会議やミーティングでは、強烈なキャラクターが牽引するワンマンショーは求められていません。

司会進行役が意見を誘導したり、話の方向付けをしすぎると、参加者は「結論ありき」という印象を受け、興醒めしてしまいます。その結果、意見が出にくくなり、ファシリテーターは何とか話を進めるために、益々持論を展開しなければならなくなります。

終わってみると「ファシリテーターがやたら張り切っていたけど、何だったんだ、この会議」ということになりかねません。

明石家さんまさんのMCぶりに憧れ、参考にするファシリテーターもいるようです。確かに、さんまさんのような「まわし」ができたら、会議やミーティングも楽しく、活気溢れるものになりそうですよね。

ただし、ここで大多数の人が勘違いしてしまうポイントがあります。さんまさんはその強烈な個性でずっと話しながら、要所要所でひな壇や参加者の意見を求めているように思われがちですが、さんまさんは意外と話していません。

さんまさんは「返し」や「ネーミング」が天才的なので印象が強く残りますが、よく観察するとほとんどの時間はゲストやひな壇の方たちが話しています。さすがに、話が長すぎると「ほんで?」と急かされますが。

さんまさん型の司会進行は、エンターテイメント性溢れる返し（ミーティング風にいうと、フィードバック）ができることが前提で成り立っています。これは私も含めて凡人が手を出して成立する領域ではありません。

では、誰を手本にしたらいいのかというと、それは羽鳥慎一さんです。語弊を恐れずにいえば、羽鳥さんの司会は他の方に比べて地味な印象があります。しかしそれがいいのです。おそらくあの地味さは意図したもので、緻密な計算による立ち位置なのでしょう。

地味というのは、言い換えれば「前面に出すぎない」「目立ちすぎない」「出しゃばらない」ということ。リーダーシップを発揮しようと頑張るから前面に出すぎて、ファシリテーター役もミーティングメンバーも疲れてしまうのです。

その点、羽鳥さんの立ち位置は見事です。例えば、『羽鳥慎一モーニングショー』という番組で、何らかの解説が必要な場面でも、自分で解説することはほぼありません。そしてコメンテーターの玉川徹さんにコメントを求めます。そのコメントに対して、補足するでも反論するでもなく、素の羽鳥さんとしての「感想」を言います。

これがあまりに自然なので、地味に映ってしまうのですが、この感想部分が疑問点だったり、問題提起の役割を果たしています。何気ない感想が意見交換を活発にさせているのです。

自分がファシリテートする会議やミーティングで、もしこのスキルを発揮できたとしたら、最高だと思いませんか？　次の項では私の体験談も含めて、羽鳥さんポジションの取り方をお話ししたいと思います。

いいファシリテーターってどんな人？
ひとりで全部仕切ってグイグイ引っぱる人？
メンバーにどんどん話しをさせて
何やそれ？
ほんで？
クワァー
それに鋭くツッコミまくる人？
おいコラッ
クワァー！
いえいえ
会社の会議はテレビ番組じゃないんだから司会者が目立ち過ぎちゃダメダメ！
会議は一人でやってるんじゃない！みんなでやっているんだ！
目立ち過ぎず自分の意見を差しはさみつつ発言者を立てて
どーもー
みんなの意見を取りまとめるそう、理想は羽鳥慎一さん
それってどういうことですか？桑山さん
…っていっぺん言われてみた～い
物腰やわらかで背もそこそこ高くてそこそこイケメンで
そんなファシリテーターにボクはなりた～い
何だ?!技量じゃなくて器量に憧れてるのかよ！

CHOI 2 TASHI

わからないフリをする!「視聴者代表ポジション」

わからないことをわからないままにしない。率直な感想や質問は、とても大切な役割を果たす。「視聴者代表ポジション」の立ち位置は重要

前にも触れましたが、私は以前レギュラーコメンテーターとして『武田鉄矢の週刊鉄学』という番組に出演していました。番組開始から半年くらいは、どうしていいのかわからず、本当に悩みました。

というのも、この番組は5人で行う情報トーク番組なのですが、出演者のスペックが高すぎるのです。武田鉄矢さんは、どんな話題からでも話を広げ転がすことができる話芸の達人です。アシスタントの伊藤聡子さんは出演者唯一の女性として、女性からの目線でコメントしたり疑問を投げかけます。松原隆一郎先生は、東京大学大学院教授（当時）でありながら漫画などのサブカルチャーにも造詣が深く、どんな話題にもついていけます。そこに、毎回ごとの専門家。そして、私…。

私に与えられた肩書は「お笑い芸人」です。番組は私に何を求めているのだろう、私は何をすべきなんだろう、と悩み続けました。トンチンカンなことを言って笑わせなければいけないのだろうか？　箸休めや閑話休題になるような気の利いた一言を言うべきなのだろうか？

しかも、この番組の面白さは、毎回のテーマを起点に、武田さんの舵取りによって話が色々な方向に転がっていくところ。ライブ感を大切にするため、1時間の番組の打合せは

5分間。**どこに話が転がっていくかわからないまま、何か面白いコメントを言えるタイミングはないかと必死に探ります。**ひな壇芸人さんはいつもこんな思いをしているのかと痛感しました。

日本の食料自給率が低迷しているというテーマの回でした。食糧自給率とは何かという話をしていたと思ったら、5分後には坂本龍馬の朝食の話になり、気が付くと文化大革命の話になっていました。

私は話に全くついていくことができません。ちらりと横目でモニターを見ると、私を除く4人だけが映っていて、私はいないも同然になっています。発言していないのですから当然です。何とか議論に加わらなければならない、と焦りました。

ただ、話についていけていないので、何もコメントはできません。しかし、「何か言わなければ」という焦りから、思わず白熱している議論の最中に一言、質問をしました。

「すみません。今、何の話をしているんですか？」

パタッと議論が止まりました。咄嗟(とっさ)に「これは怒られるな。クビかもしれない」と感じました。盛り上がっている議論を止めてしまったのですから。

「あ、ごめんごめん。そうだよな、わかんねぇよな。桑山君、実は今、食料自給率を考えた時に、その本質はどこにあるんだろうって話をしていてね…」

と武田さんが切り出すと、松原先生が私にもわかるように補足しながら簡単に説明して下さいました。

「番組上、怒鳴るわけにはいかないから、優しい口調で言ってくれているけど、番組が終わったら絶対怒られる」と思った私は、嫌な汗が止まりませんでした。

そして、番組が終わると、私の予想は裏切られました。武田さん、松原先生だけでなく、番組ディレクターまでもが私を褒めてくれたのです。

「桑山さんがあそこで話についていけない、って言ってくれて良かったよ。あのままだったら、視聴者を置き去りにしてしまうところだった」

この瞬間、私を悩ませていた問題は一気に解決しました。自分の立ち位置の問題です。

「そうか！　私は無理に面白いことを言う必要はないんだ。視聴者代表として、率直な感想や疑問をぶつければいいいんだ」

それからは、自分がわかっていることでも「これはわからない人がいるかも」と感じたことは、わからないフリをして聞くようになりました。

どストレートに、

「それ、わからないんですけど、どういうことですか？」

と、聞くこともありましたし、

「確か、それって〇〇ってことでしたっけ？」

と確認するように聞くこともありました。

前項で触れた羽鳥さんのポジションが、まさにこれなんです。**この「視聴者代表ポジション」は、やっている人（ファシリテーター）も、見ている人（ミィーティング参加者）も楽なのです。**ファシリテーターは気負う必要がなくなりますし、ファシリテーターがハードルを下げてくれるので、参加者にとっては理解しやすいですし、発言もしやすくなるのです。

もしかしたら「わからないフリをする」というのは、「バカにされる」「舐められる」、とある種の不安や怖さを感じる人がいるかもしれません。でも、逆なんです。

アンテナ感度の良い人は、あなたが**わからないフリをするという「役割」**を演じてハードルを下げていることを、きちんと理解して一目置いてくれます。逆に、「何だ、そんなことも知らないのか」と役割にも気づかず、表面的なところで軽蔑してくる人は洞察力が鋭いとはいえない人、アンテナ感度の悪い人です。

どちらに認められたほうが価値があるかは一目瞭然。**舐められているくらいが丁度いいのです。**ちなみにこれは、私の座右の銘のうちの一つです。

+ CHOI 3 TASHI +

意見が出ない！ どうする私!? そんな時の「スルーコメント術」

トレンドワードに仰々(ぎょうぎょう)しい言葉をプラスすると、不思議とそれっぽい言葉や妙な説得力を持つフレーズが完成。それらしい意見として活用する

会議が膠着（こうちゃく）している時というのは本当に空気が重いものです。そういう時に限って、課長やファシリテーターと呼ばれる人が意見を求めてきます。ファシリテーターとしても、ただ黙っていても何の解決にもならないのですから、発言を催促せざるを得ません。

ただ、急に振られたほうは困ります。だって意見がないから黙っているわけなのですから…。これが小学生や中学生であれば「特に意見はありません」「○○さんと同じです」と発言していればすむのですが、社会人ともなるとそうはいきません。

そんな時にお勧めなのが、わけのわからない枕詞を使った「**スルーコメント術**」です。使い勝手のいいところでいくと、「**やはり色々考えてみたのですが**」などはお手軽です。ただ普通過ぎるため、「こいつ、実は何も考えてなかったな感」は、払拭し切れません。

そんな時に意外に便利なのが、「**トレンドワード**」です。ネーミングのところでもお話ししましたが、やはりトレンドワードというのは妙なパワーと説得力を持っています。今でいうと「AIの台頭」「SDGs」「多様性」などでしょうか。少し前なら「感染症拡大防止」のワードも、かなりパワーを持っていました。

これらの言葉に「観点」「実情に照らし合わせて」「鑑（かん）みると」など、仰々（ぎょうぎょう）しい言葉をつけると、あら不思議。「よくわからないけど、なんかそれっぽい言葉」「何故か妙な説得力

を持つフレーズ」の出来上がりです。

● **無能だと思われてしまう例**

「私も田中さんの意見と同じです」

● **あながち無能ではないのかも…と思われそうな例**

「多様性の観点から考えても、田中さんの意見には一理あると思います」

私はその時代ごとに「逆らえない言葉」「逆らいにくい言葉」があるような気がしています。これも広義の意味でトレンドワードといえるのかもしれません。今なら「脳科学」がそれに当たるでしょう。その前なら「エコロジー」などは、かなり逆らいにくかった言葉ですね。これらを付けると、どうでもいい意見も、それっぽく聞こえてきます。

「ラーメンより寿司が食べたい」

「脳科学的な観点からだと、ラーメンを食べるより寿司のほうが好ましいかもね」

「それ、高いから買うの嫌だな」

「ＳＤＧｓが叫ばれている現状に照らし合わせると、果たして高いコストを支払ってまで購入する意味があるのだろうか？」

「ピカソより普通にラッセンが好き」

「ＡＩが台頭してきた実情を鑑みると、私はピカソより普通にラッセンが好きだな」


どうです？　**全然意味は通っていないのに、もっともらしい妙な説得力がある**気がしませんか？　あまりにも無理がある論理展開に極振りすれば、日常会話でギャグとして使えそうな気もします。会議で何のアイデアも思い浮かばない時には、この「逆らいにくい同調圧力ワード」を味方に、その場を切り抜けるのもアリでしょう。

ただし、元々が中身が空っぽなので、時々使うくらいにして下さいね。

＋ CHOI **4** TASHI ＋

発言者に“華”を持たせる要約だけ!「ダイジェストトーク」

私の理解力が足りないから質問・確認をするという姿勢がポイント。発信者のいいたいであろうことを要約し伝えた上で、発信者に“華”を持たせる

会議で発言しても、要領を得なくて、結局何が言いたいのかわからない人が、たまにいます。こういう時、あなたがファシリテーターなら、どうしますか？

イライラしながら終わるまでじっと耐えますか？　何事もなかったかのように、次の人に意見を求めて華麗にスルーしますか？「ちょっと、何を言ってるのかわからないんですけど」とサンドウィッチマン風にイジって、笑いに変えますか？

こんな時こそ、「羽鳥さんポジション＋よいしょツッコミ」の合わせ技です。

本当に何が言いたいのかわからなかったら、

「すみません。私の理解が追い付かないので、ちょっと教えて下さい。先ほど○○とおっしゃっていましたが、そこをもう少し詳しくお願いします」

と深掘りします。話は要領を得ないのだけれど、たぶんこういうことを言いたいのだろうなという場合であれば、

「先ほど○○とおっしゃっていたのは、××ということでしょうか？」

など**発言を要約してあげます。**

この時、一番忘れてならないのは、**「羽鳥さんポジション」**です。**視聴者代表として、わざとわからないフリをする**ことです。何故そんなことを必要以上に強調するのかというと、これをしっかり意識した上で発言しないと、ちょっとしたニュアンスの違いであっという間に険悪な雰囲気になってしまうからです。

「あなたの伝え方が悪いのでわからなかった」のではなくて、「私の理解力が足りないからわからなかった」という姿勢です。

もっとも、本当は話がムダに長かったり、伝え方が悪いのでわからないのですが、そのまま伝えるとケンカになってしまいます。細心の注意を払って、その気持ちを消さなければ、言葉の端々にニュアンスとして残ってしまいます。

「つまり、多少のリスクをとっても、ここはB社にアプローチすべきということですよね？」

「それは、多少のリスクをとってでも、B社にアプローチしたほうが我が社は活路を見いだせる側面もある、ということでしょうか？」

両方とも言っている内容はほぼ同じです。しかし、この微妙なニュアンスの違い、わかりますでしょうか？　前者は「あなたの言いたいことを整理してあげましたよ、合ってますよね」とマウントをとっている印象ですね。それに対して後者は相手の発言をリスペクトしている印象ですよね。

さらに、最後に「発言者に〝華〟を持たせてあげるツッコミマインド」も忘れず付け加えて下さい（57p参照）。

「大変貴重なご意見をありがとうございました」と無機質に添える方がいますが、それでは何の意味もありません。どんなに自分のまとめ方がうまくて、そのおかげでその意見が見直されたとしても、「それではスタジオにお返しします」の気持ちで、スポットライトは発言者に戻してあげましょう。

どうしても無機質になってしまうという方は、**「なるほど」「いやぁ〜」などの言葉を冒頭につける**と、気持ちを乗せやすくなります。感想やコメントを出来る限り定型文にしないようにするのも、大事なポイントです。

●上から目線と誤解を招く「まとめ方」

「今の鈴木さんの意見をまとめると、多少のリスクをとっても、ここはB社にアプローチすべきだということですよね？　貴重なご意見ありがとうございました」

●発言者に〝華〟を持たせてあげる「まとめ方」

「ちょっと私の頭の中を整理させて下さい。鈴木さん、それは、多少のリスクをとってでも、B社にアプローチしたほうが我が社は活路を見いだせるという側面もある、ということでしょうか？　いやぁ〜、出てきそうで意外と出ない意見かもしれません。ありがとうございました」

本人も気づいていないところを**短い言葉で『通訳』し、皆に『橋渡し』してあげるツッコミマインド**こそ、ファシリテーターのあるべき姿です。そもそもファシリテーターとは、直訳すると「促進する人」「容易にできるようにする人」という意味なのですから。

できるファシリテーターとは？
何を言いたいのかよくわからない話を
A
B
C
D
E
F
すみません、私の理解が追い付かないのでちょっと教えていただけますか？
と、わからないフリをして確認し、
え〜っと
A
BCで
D
E
F
ということで
なるほど！ABCで DEFという側面もあるということでしょうか
発言者に華を持たせるよう細心の注意を払い、本人も気づいていないところを通訳しみんなに橋渡しする
いや〜〜、出てきそうで意外と出ないご意見かもしれませんありがとうございます
場も和むし、、会議も進みやすくなります
空気が変わった！
発言しやすい
優しいツッコミマインドを身に付ければ司会の腕も評価も爆上がり！名ファシリテーターへの近道はコレですよ！
え？
どーも〜〜桑島で〜す
だ…誰？

CHOI 5 TASHI

会議の空転をこれで打開！「リセットトーク」

自由な発想や枠に囚われない発想というのは、重苦しい雰囲気の中では生まれない。何気ない雑談からの会話が解決策に繋がる

「会議は踊る、されど進まず」という言葉もあるように、会議に空転、膠着（こうちゃく）はつきものです。膠着した時は、踊るどころか押し潰されそうな重圧の中、沈黙が続きますよね。

そんな時、**誰が空気を変えるのかといえば…それはもう、MC役のファシリテーターしかいない**でしょう。意見を求められたものの誰も意見を出せず、ただ押し黙るしかない状況で、この場の空気を一新するような発言を求めるのは、さすがに酷というものです。

ここはファシリテーターが、あえて空気を読まず雑談でも始めましょう。

ザ・ニュースペーパーにいた頃、「このニュースでどうコントを作ろうか？」と稽古場で意見が頭打ちになり、膠着状態になることがしばしばありました。時には2時間くらい、誰も何も発言しないまま、重苦しい雰囲気の中、それぞれが解決策を求めて新聞を読んだり、ネットで調べものをしたり…。

そんな時、**誰かが議題に全く関係ない雑談を始めると、そこから、ぽつりぽつりと会話が広がり、解決策に繋がる**ことがありました。これは、たまたまというわけではなく、例えば、私がニュースペーパーで担当していたＵＳＯヘッドラインニュースという嘘ニュースのネタを考えている時でも同じでした。

新聞を隅から隅まで読みながら、何かネタになりそうな記事はないかと探している時にはたいていネタは浮かびません。**では、どういう時にネタができやすいかというと、どうでもいい話をしている時**なのです。

例えば、みんなでテレビを見ている時にたまたま流れたニュースに対して、軽口をたたいている時などです。その他にも、友だちと飲みながら世間話をしていて、偶然ニュースが話題になった時に、「そんなこと言ったらさぁ〜」なんて無責任なことを言っている時などもそうです。

某一級建築士が耐震偽装を行った事件にまつわるネタを思い付いた時も、みんなでテレビを見ている時でした。当時、『ハウルの動く城』が公開になったばかりで、しきりにＣＭを流していました。城が動くたびに、建物がすごく揺れる様を見て、「これ、あの一級建築士さんが設計したんじゃないの？」と軽口をたたいたのがきっかけでした。

ちなみにこのネタ、過去一番というくらいウケました。

何が言いたかったかというと、**自由な発想や従来の枠に囚われない発想というのは、どうでもいい無責任な会話から生まれやすい**ということです。話を切り出す**一番最初に**

「ちょっと議論が停滞気味のようなので」「空気が重くなっちゃいましたね」などを付けると、他の方にも意図がわかってもらえます。

正直いって、それでもかなり勇気が必要だと思います。「みんなで真剣に議論している時に何を言っているんだ」「真面目にやれ」という意見が来るのではないかという不安があると思います。

でも、絶対に来ません。もし誰かが「真面目にやれ」などと批判的な発言をしたとすると、「では○○さんの意見を聞いてみましょうか」、と今度はその人に打開策の案が振られるのがわかっているからです。

そして会議が終わった時に気づくはずです。あの何気ない閑話休題こそが議論を再起動するターニングポイントだったということに。

あっ、ちょっと話題が停滞気味のようなので、思い切って次のページからガラッと話を変えますね。

第12章

相手の下にスッともぐる【コメディア・デラルテ的】ポジション

+ CHOI **1** TASHI +

舐められるが勝ち！「コメディア・デラルテ的ポジション」

一生懸命でドジだけど自分に正直で、他人のためにも頑張れる「負け犬キャラ」が誰からも愛される。言いわけをしないことも大事なポイント

コメディア・デラルテってご存じですか？　コメディア・デラルテというのは、イタリア発祥の仮面を使用する即興喜劇です。

元々は召使いたちが王様の誕生会で王様や貴族を讃(たた)える芝居をしたことから始まりました。それが大ウケしてチップをはずんでもらったことに味をしめ、これを庶民に見せたら、毎日おひねりがもらえるのではないか、と考えるようになったのです。

とはいえ、通りすがりの人から、おひねり（投げ銭）をもらうのは、思った以上に厳しいもの。収入源である投げ銭を「確実に」「できるだけ多く」もらうためには、とにかく「わかりやすくて」「応援したくなる」キャラクターが必要でした。

応援したくなるキャラクターって何でしょうか？　美男美女のキャラクターでしょうか？　すごいオーラやカリスマ性を持ったキャラクターでしょうか？　それとも、心が揺さぶられる素敵なフレーズや感動的な台詞を言うキャラクターでしょうか？

これを教えてもらった時は私も驚いたのですが、**応援されるキャラクターとは「一目でわかる負け犬キャラ」**なんです。

「一生懸命で」「ドジで」「自分の欲求にストレート」だけど、どこかで**「他人のために頑**

張っている」面もある、負け犬キャラなんです。だからみんなに愛されて、投げ銭がもらえるのです。

あなたの周りでもこんな人はいませんか？　一生懸命やっているのに全然うまくいかない人。いつもドジな失敗をするんだけれど何故か憎めない人。一方、たまにミスをするだけで、ものすごく呆れられる人や、ついイラっとされる人もいますよね。何が違うのでしょう？

言いわけをされるとイラっとする人は多いと思います。実は、私もよく言いわけをしてはイラっとされる人間でした。**言いわけをするということは、自分の失敗（負け）を認められないということです。**

一方、コメディア・デラルテのキャラクターたちはよく失敗します。ザ・ドリフターズ的にいうと、歩いている道にバナナの皮があれば「あいつ、絶対に転ぶな」というくらい、わかりやすく失敗します。でも**失敗をちゃんと受け止めて、それでも負け犬なりに一生懸命奮闘する**ので、お客さんから愛されるのです。

イラっとするといえば、マウントをとられた時にイラっとする人も多いでしょう。それも、この「コメディア・デラルテ的思考」さえあれば、難なく解決できます。

マウントをとられたら、どうするか？　**自分からあえて相手の下にもぐり込んで、負け犬キャラというポジションを演じ、相手に思う存分マウントをとらせてあげればいい**のです。たったそれだけで相手はとってもいい気持ちになります。負け犬キャラを演じるのは〝敗北〟でも〝卑屈〟でもありません。**おもてなし**なのです。

●マウントの取り合いになる会話

A「私、この前、奮発して高島屋で2万円のロングスカーフを買っちゃった」
B「あ、私も伊勢丹で3万円のスカーフを買ったの」
A「高島屋で買ったのは実はスカーフだけじゃなくて…」
B「そうそう、つい色々買っちゃうのよね。私も伊勢丹で…」

●気持ちよくマウントをとらせてあげる会話

A「私、この前、奮発して高島屋で2万円のロングスカーフを買っちゃった」

B「あ、私も伊勢丹で3万円のスカーフを買ったの」

A「え～、素敵すぎる！　私があのスカーフ買うのに、何回手を出したり引っ込めたりしたと思ってるのよ。私のためらいと戸惑いの時間は何だったのよ。で、どんな柄なの？」

B「私が買ったのはね…」

マウントをとられてもイラっとする必要も、張り合う必要もないのです。何故なら「負け犬キャラこそが愛される」ことを知っているのですから。

マウントを取られたらイラッとしますよね
ボクが上だ！
私もマウント取られるのチョーいやっす
負けたくなくて
オレだよ
なんとか相手をやり込めようとして
それよりボクの方が
イヤ待て！ボクだって
不毛な争いに！
えっ？わざとマウントを取らせる？
そんなことはもう止めて
コメディアデラルテ的ポジションを取りましょう
卑屈になるのではなくおもてなしの心？
この前〇〇だったんだ～
へえ～～、すごいねえ
いや、君こそ◎◎だったじゃないか
何をおっしゃりますやら
マウントのゆずり合いってのも何だかな～

CHOI 2 TASHI

ちょっとこれで救われる魔法の言葉「今はまだ」

自分の失敗やダメなところをしっかり受け止め、未来への希望を感じさせる「今はまだ」の言葉によって、近い将来に改善されているイメージが湧く

負け犬キャラになるためには、自分の失敗をちゃんと受け止めることが必要です。とはいえ、なかなか自分の失敗やダメなところって受け止めにくいですよね。ここで私がお勧めしているのは、**魔法の言葉「今はまだ」**です。使い方は超簡単。**自分の失敗やダメなところを口にしてから、最後に「今はまだ」と付けるだけです。**そうすると、ただ自分を責めて卑下していた言葉から、ちょっと未来への希望を感じさせる言葉に変わるのです。

●ただ単に自分を責めて落ち込むだけの言葉①

「また台詞を間違えちゃったよ。俺って、いつも台詞を間違えちゃうんだよなぁ」

●未来への希望を感じさせる言葉①

「また台詞を間違えちゃったよ。俺って、いつも台詞を間違えちゃうんだよなぁ。今はまだ…」

●ただ単に自分を責めて落ち込むだけの言葉②

「また、あの人を怒らせちゃった。私って、他人を気遣う言い方ができない、本当にダメな人間だわ」

●未来への希望を感じさせる言葉②

「また、あの人を怒らせちゃった。私って、他人を気遣う言い方ができない、本当にダメな人間だわ。今はまだ…」

今はまだ…、に続きそうな言葉って、「今はまだ○○だけど、きっと○○できる！」とか、「今はまだ○○だけど、その内○○になる！」とかだなぁ…って思うんです。

ね、何だか希望の光が見えてきませんか？

そう見えるのは私だけ？

桑さ〜〜ん ボク、仕事や人間関係で失敗ばかりで……
どうしたら…
「今は、まだ」は魔法の言葉 つぶやけば〜〜 傷ついた心も少し軽くなる〜〜
忘れないで〜〜 「ダメなところは改善点」
つぶやくだけでは直らない〜〜 あせらず ひとつひとつ取り組もう
そうか！自分のダメなところを
自覚して直していかなきゃ
ボクの失敗の原因は…
あれがこうで…
△△しないと…
〇〇〇もダメだし
これも
それも
まだまだ出てくる〜
etc etc
そうだ〜〜 歩き出そう 自分の足で〜
応援するよ この唄で〜〜
桑さ〜〜ん この壁を乗り越えられますかね〜
改善点の山
何とも言えねぇ〜〜
今は ま〜 だ〜〜

CHOI 3 TASHI

「愛される自虐トーク」と「ドン引きされる自虐トーク」

「自分が目立ちたいトーク」はＮＧ。「相手に楽しんでもらう」「自分の人となりを知ってもらう」ための自虐トークは憎めない感じになり愛される

自虐トークは非常に便利なものです。「人は他人の自慢話は金をもらってでも聞きたくないが、他人の失敗話は金を払ってでも聞きたいものだ」とは大先輩のギター漫談の芸人さんから教えてもらった言葉です。

自虐ネタは誰も傷つけることなく、自分の弱みをさらけ出すことで、自己開示が行えます。**自己開示**は信頼関係の構築（**ラポールの形成**）に繋がります。**弱みを見せずに虚勢を張っている人はイマイチ信用できませんが、ドジ話をしてくれた人には何となく心を開いてしまう。**そんな経験は誰しもあるのではないでしょうか？

ただ自虐トークで気をつける点があります。それは、刺激を求めすぎないこと。話がだんだんウケなくなってくると、その話をブラッシュアップせずに、より刺激の多い話題を探そうとしてしまいます。何故なら1つの話をブラッシュアップしていくのは地味で面倒臭い作業だからです。

しかし、**お笑い芸人はこの作業を必ず行います。ネタが出来上がったらライブで上演して、ウケた箇所とウケなかった箇所を精査します。**どうすればウケるようになるのか、もしくはその部分をバッサリ削るべきなのかを検証します。**大体5～6回位ライブにネタを**

かけて、完成させていきます。これが非常にしんどい作業なんです。

ですから、ウケなくなったエピソードを諦めて捨てて、もっと刺激の強いエピソードに移行したくなる気持ちもわかります。ただ、ここで気を付けたいのは、**刺激の強さだけを求めると、愛される自虐ネタと方向性がズレてしまう**危険性があるということです。

ここで思い出してもらいたいのは、コメディア・デラルテに出てくるキャラクターが何故愛されるのか、ということです。彼らは「一生懸命で」「ドジで」「自分の欲求にストレート」だけど、どこかで「他人のために頑張っている」面があるから愛されているのです。

刺激の強い自虐トークを選んでしまうのは、「自分が目立ちたいから」なのです。そうではなくて**「相手を楽しませるため」「相手に自分の（ドジなところも含めて）人となりを知ってもらうため」に自虐トークを話すからこそ、憎めない感じになる**のです。

●ドン引きされる自虐トーク

「この前、電車で帰ろうとしたら、Ｓｕｉｃａの残高が足りないことに気づいてさ。チャージしようとしたら財布を家に置き忘れたことに、その時初めて気が付いたんだよ。来る時は、まだ残高があったから来れたけど、このままだと帰れない。電話で友だちを呼ぶのもかっこ悪いし。考えた末に、自動改札を通る時、前の人にぴったりくっついて通り抜けたんだよ。傍（はた）から見たら超変態な感じだよね」

⬇ **〈この人、困ったら良くないこともする人間だという印象〉**

●愛される自虐トーク

「この前、電車で帰ろうとしたら、Ｓｕｉｃａの残高が足りないことに気づいてさ。チャージしようとしたら財布を家に置き忘れたことに、その時初めて気が付いたんだよ。来る時は、まだ残高があったから来れたけど、このままだと帰れない。電話で友だちを呼ぶのもかっこ悪いし。

考えた末に、自宅まで歩いて帰ることにしたんだよ。家までは約10キロちょっとだから2時間半くらい歩けば着くと思ったわけ。で、歩き出したんだけどさ、最初の30分で、もう疲れ果てちゃって。仕方ないから、タクシーに乗って家の前で待っててもらって、家から財布をとってきて、それで払ったんだよ。おかげで３５００円もかかっちゃった。友だちを電話で呼んでお金を借りるより、よほどかっこ悪かったよ」

⬇ **〈ドジだけど憎めない印象〉**

+ CHOI 4 TASHI +

僕のために、私が謝ってあげる！「セルフアクト」

自問自答で、自分の中に２つの立場を作る。「ミスをした自分のために、もう一人の自分が謝る」。自分で自分を演じることで、心の負担を軽減する

仕事のミスで謝罪するのって辛くないですか？　もちろん謝罪が必要なのはわかっているのだけれど、心の負担がかなり大きい。別に自分のミスを認めたくないわけではないのだけれど、**どこかでミスを認めることが自分の価値を全否定しているような気になってしまい抵抗がある**。そんな経験をしたことはありませんか？

私は謝罪が大の苦手です。謝罪の大切さもわかっています。自分のミスだと自覚もしているし反省もしています。しかし、どう謝ったらいいのか、謝って許してもらえるのかを考えると、なかなか行動に起こせなくなります。これを見て、第三者は「プライドが高いから、謝りたくないんだ」などといいますが、決して、そういうわけではないのです。

私と同じような経験をした人や、周囲に同じような行動をする人がいたら、私が気づいた「セルフアクト」という方法をこの項目でシェアするので、試してもらいたいと思います。

私は損害保険会社で働いていた頃はよくミスをしていました。特に営業に出てからはミスの連続。おまけに契約もとれなかったので、焦りや混乱でミスをさらに誘発するような状況でした。

これ以上自分の評価を下げたくないとの思いから、なかなか自分のミスを受け入れることができなかった時期もありました。もっとも、今考えれば**「自分のミスを受け入れられず、謝罪できない」ことこそが、一番自分の評価を下げること**なのですが、当時はそんな基本的なことにすら気づかない状況でした。

いつもは自分のミスを謝罪しに取引先に行くのですが、ある時、事務職の女性のミスを、私が取引先に謝罪しに行かなければならなくなりました。その時に気づいたのです。**他人のために頭を下げるのは、自分のミスを謝罪するのに比べて、格段に楽**だということに。

何故なんだろうと考えました。きっと理由はたくさんあるのでしょうが、そのうちの一つが、先ほど話した他人のミスなので「自分の価値を下げるのではないか」という恐怖とは無縁ということです。

そしてもう一つは、他人のために謝っているという「自己犠牲」の気持ちです。**自分が今していることは、誰かを助ける行為**なんだと思うと、多少の苦しさには耐えられます。

人間には2種類のタイプがあり、自分のために頑張るタイプと他人のために頑張るタイプです。どちらが良い悪いではなく、単純にやる気が出る方向性がどちらか、という話です。**もし、あなたが他人のために頑張るタイプなら、自分のことで謝罪するより他人を救うために謝罪するほうが格段に楽**に感じるはずです。

サラリーマン時代は「他人のミスを謝るほうが楽だなぁ」程度の認識しかなかったのですが、その後、演技の勉強をしている時にふと思い付いたのです。これって、自分を2つに分けたら、いつも他人のための謝罪を再現できるのではないか、と。

お芝居は**「役」と「自分」を重ね合わせて**、自分の身体を通して、他人（役）の気持ちや行動を表現する行為です。役と自分を重ね合わせる方法や理論については、かなりたくさんのメソッドがあるので省きますが、**重ね合わせることができるのなら、〝分離〟することもできる**はずです。

そう聞くと、何かとても難しいことを行うような気がしますが、方法はいたって簡単です。自分Aと自分Bに分けて考えるだけです。別に分裂症の状態を引き起こせといっているのではありません。**「ミスをした自分」と「ミスを謝る自分」に〝分離〟させればいい**のです。

これはあなたも何気なく日常生活でやっているはずです。それは何かというと、「**自問自答**」です。**質問する自分Aと答える自分B、つまり一人の自分を〝分離〟**させているのです。これを意識して行うのです。

ミスをしてしまった桑山君のために、「私」が謝ってあげるのです。これだけで随分心の負担が減ります。そう、**自分で自分を演じるので「セルフアクト」**なのです。

しかも、ミスをした自分と謝る自分を分離させることで、ミスをした自分を客観的に見つめ直すこともできます。つまり、メタ認知の効能によって、なぜミスが起こったのか、どうすれば再発を防止できるのか、を冷静に分析できるという〝おまけ〟まで付いてくるのです。

●苦しい謝罪の思考経路

「この度は（私の）手違いにより、御社に多大なる損害とご迷惑をおかけして誠に申しわけなく思っております。（私のミスで）私にできることがございましたら、何なりとお申し付け下さい」

●少し楽なセルフアクト謝罪の思考経路

「この度は（桑山君の）手違いにより、御社に多大なる損害とご迷惑をおかけして、（同じ部署の私としては）誠に申しわけなく思っております。（桑山君のミスで）私にできることがございましたら、何なりとお申し付け下さい」

どうでしょう？　ちょっとニュアンスが変わると思いませんか？

自分が苦しい思いをすることが謝罪の方法ではないはずです。再発防止こそが一番大切なはず。であれば、自らを追い詰め、苦しめ、わざわざ心の余裕をなくして視野を狭めて再発を誘導するような環境にするのはおかしいと思うのです。

CHOI 5 TASHI

面白さを狙うと逆効果！「面白オーラ封印術」

「笑いをとってやる」という意気込みが強すぎると、お客さんも身構えてしまい、笑えるものも笑えなくなってしまう。ハードル上げは逆効果

お笑い芸人を19年やっていたという話をすると、必ずといっていいほど「コツを教えて欲しい」と言われます。「どうすれば、笑いがとれるスピーチができるのですか?」と。

結論からいうと、そんな汎用性のある方法はありません。身も蓋もない言い方ですが、事実です。これは常にホームランが打てる方法を教えて下さいと同じ意味合いです。

しかし、笑いの打率を上げる方法ならいくつか存在します。そのうちの一つが**面白さを狙わない**ということです。何故面白さを狙わないことが、笑いの打率を上げることに繋がるのか、といえば、笑いは多くの場合「裏切り」が根底にあるからです。

普通のことが普通に進行していくと思っていたところに、予想外のことが起きると、思わず笑ってしまうことがあると思います。まさにそれです。

おじさんが書類を確認しながら道を歩いています。そこへ急に突風が吹いてきたので、おじさんは書類が飛ばされないようにと、必死に書類を押さえます。すると次の瞬間、書類は無事だったのですが、おじさんのカツラが飛ばされてしまいます。

何気なく道を歩いていて、目の前でこの光景を目にしたら、多くの人は思わず笑ってしまいませんか？　その場では我慢しても誰かに話したくなりませんか？

ところが、テレビ番組で「超爆笑映像を入手！　今年度最高の爆笑映像はこれだ！」と紹介されて、この光景が放送されたらどうでしょう。**「え、こんなもん？」「これで終わり？　もっとすごいものを期待していたのに」と感じる**のではないでしょうか。

お笑い芸人がライブなどのタイトルに「爆笑」とつくのを嫌がるのも、これが理由です。**自らハードルを上げると笑えるものも笑えなくなる**ので、こういう煽り方をして欲しくないのです。まぁ、単純にダサいのもありますが。ところが、主催者や開催する側は集客のためにインパクトを与えようと、こういう言葉を使いがちです。結果的にデメリットばかりの逆方向のことをしてしまっているのです。

つまり「どうやったら笑いがとれるスピーチができるか」という発想自体が真逆なのです。「面白いことを話してやろう」という意気込みはグッと胸の奥に秘め、**面白オーラを封印した上で、なるべく自然な感じで話すのが、かえって近道**なのです。

この本のサブタイトル、見ました？　「絶対にウケる」とか勝手に付けられちゃってるんですよ。「まったく、もぉ～～！」って感じでしょ？（笑）

第13章

絶対にやってはいけない！「勘違いトーク」

+ CHOI 1 TASHI +

マズいのに美味しいと言うな！「忖度(そんたく)食レポトーク」

自分が感じたこと、考えていることにウソがないことが重要。自分の気持ちにウソをつくことなく、相手に配慮した「言いまわし」を工夫する

食レポをする芸人さんは本当に大変です。味という非常に好みが分かれるものを、伝わるように言語化したり、リアクションや表情で表現しなくてはならないからです。

なかでも大変なのは、自分の好みではない味の料理を食べた時のコメントです。お店の人、そしてお店のお客さんの中にはこの味が好きな人もいます。ただ自分の味の好みに合わないだけ。そう考えると、単に感想を言えばいいものではなく配慮も必要です。

食レポに呼ばれる機会が多い芸人さんは、そういう場合のコメントを用意しています。

「好きな人にはたまらない味でしょうね」
「今まで食べたことのない味ですね」
「スパイスが効いていて本場の味ですね」

感想を言わずに味や特徴を忠実に表現するなど、それぞれ工夫しながらも、美味しいと思わないものには「美味しい」と言わないのです。自分が思ってもいないことは言葉にしないというところに、一貫したポリシーを感じます。

これは大変重要なことで、傾聴やカウンセリングの世界では「**自己一致**」と呼ばれています。自分が感じたこと、考えていることにウソがないことが重要視されます。いくら言葉で言い繕(つくろ)っても、気持ちと言葉にズレがあると人は本能的にそれを見抜きます。

一方で、ウソも方便という言葉もあります。何より配慮ということを考えると、正直な気持ちを伝えてもめるより、ウソを言ってでも穏便に終わらせるほうが楽です。でも、**その姑息なウソは見抜かれている**のです。

「自分の考えからすると納得できない」「あなたの考えは間違っている!」と感じた時は、ぜひ食レポ芸人の技を思い出して下さい。納得できないものを納得する必要はありませんが、相手の考えを全否定して、自分の考えを押し通すのでは、芸がありません。

自分の気持ちにウソをつくことなく、かつ相手に配慮した「言いまわし」を考えてみましょう。クッション言葉や肯定表現などが代表例ですが、一歩踏み込んでオリジナルな言いまわしが作れれば、やり取りも苦ではなくなりますし、逆に面白くなってきます。

●ストレートすぎてダメな例

「今日中の対応は無理です」

●クッション言葉＋肯定表現

「誠に申しわけございませんが、本日の対応は致しかねます」

●言い換え

「明日でしたら対応できますが、いかがでしょうか？」

●オリジナルフレーズ

「今日中となると、今の私には厳しすぎる案件ですね」

「気持ちとしては今すぐにでも対応したいのですが、現実問題としては…」

「今日中の対応ですか…。こんなにもお客様に寄り添いたいのに、自分の無力さが悔しくて、たまりません」


切迫した状況でも「言いまわし」が工夫できるようになると、日常会話でもその言いまわしスキルは発揮されます。言葉の選び方のセンスとか、妙に引っ掛かりのあるフレーズも生み出せるようになってきます。目指せ、言葉の魔術師！

+ CHOI **2** TASHI +

無理して目を合わせなくていい！「徹子の部屋トーク」

目を合わせる合わせないよりも、会話はキャッチボールで、会話をする人同士のコミュニケーションが成立していることが大事

前にも触れましたが、私は「目を見て話さないと伝わらない」はウソだと思っています。『徹子の部屋』（テレビ朝日系列）という番組があります。ご存知、黒柳徹子さんがゲストを招いてトークを繰り広げる番組です。

黒柳徹子さんはゲストとの会話が始まるとゲストのほうを向いて、ゲストと話をします。トークの途中でカメラ目線をすることは、ほぼありません。でも、視聴者である私たちは黒柳徹子さんとゲストのやり取りが自然に頭の中に入ってきます。徹子さんと目が合っていないのに、です。

『ボクらの時代』（フジテレビ系列）という番組は、毎回様々なジャンルで活躍する3人がトークをする番組です。この時も3人は、特にカメラ目線をすることなく、お互いのほうを見て会話します。やはり私たちは違和感なく、会話の内容を聞いています。

一方で、選挙前になると放送される『政見放送』は、多くの候補者がカメラ目線で語り掛けてきます。でも、どうでしょうか。カメラ目線で視聴者に訴えかけている政見放送のほうが、『徹子の部屋』や『ボクらの時代』より何倍も伝わっているでしょうか？　正直伝わっていないですよね。

つまり、**相手の目を見て話さなければ伝わらない、というわけではない**のです。**目が合っているかどうかより、相手に会話をきちんと伝え、ちゃんと語り掛けているか（相手から見たら投げ返せているか）が大事**なのです。

徹子さんとゲストが、きちんと会話をキャッチボールしている、コミュニケーションが成立している。だから聞き手である私たち視聴者は違和感なく話を聞いていられるのです。

一方、政見放送では形式上、画面のこちら側の私たちに訴えかけていますが、原稿をそのまま読んでいる場合がほとんどです。つまり、**コミュニケーションが成立していない場合が多く、語り掛けているのではなくて、多くの場合、一方的に押し付けている**のです。だから耳に入ってこないのです。

演劇では、登場人物の話す台詞は台本で決められています。自分の順番が来たら、自分の話すべき台詞を言えばいいはずです。

ところが、**そのまま台詞を話すと、「相手役に言葉が届いていない。会話として成立して**

いない」と猛烈にダメ出しをされます。相手役にきちんと語り掛けていないと、観ているお客さんにその役の感情が届かないからです。逆に見ているお客さんに伝えようと、お客さんと目を合わせたら、台詞として成立しません。

それどころか**目を見続けて話されると、聞き手としては妙な圧迫感を感じてしまい、かえって逆効果になる**こともあります。

あなたの周りにいませんか？　伝えようと思ってやたら目をガン見してくる人。そういう人には、そっと「勘違いだよ」と伝えてあげて下さい。

+ CHOI 3 TASHI +

原稿NG。3つだけ覚える!「官僚棒読みトーク」

原稿を覚えて間違えないように話そうとすると「語り掛ける」ではなくなり、自分の言葉ではなくなってしまう。棒読みでは相手に伝わらない

私は選挙の時、立候補者のスピーチ指導をすることもあります。伝えたい政策や公約、自分の実績や思いを、どの順番で話せばわかりやすくなるかを交通整理します。どんなキーワードで繋いでいけば、情報ではなくストーリーとして聞きやすくなるかを考えます。

その構成をもとに、候補者の方たちはスピーチ原稿の草案を作ります。候補者の方々は真面目な方が多いので、ほとんどの方がきっちりした原稿を作ってきて、それを一言一句丸暗記しようとします。私は毎回、それをしないで欲しいとお願いします。

過去最高の内閣支持率を誇った小泉元首相は、自分の言葉で話したから「わかりやすい」と人気が出ました。自分で書いた原稿でも、それを丸暗記した時点で、原稿の活字に追われてしまい、自分の言葉ではなくなってしまうのです。

原稿を間違えずに言おうとすると、頭の中に暗記した原稿を読もうとしてしまいます。最優先事項が「語り掛ける」ではなく、「間違えない」にすり替わってしまうのです。

その結果、そこには熱意や思いから紡ぎ出されるリズムやメリハリが失われて、国会中継でよく見る、官僚が作ってきた原稿を棒読みする政治家の姿が出来上がってしまいます。

この現象は何も政治家だけではありません。例えば、結婚式のスピーチ、もっと身近なところではプレゼンなどでも起こります。

特にプレゼンでは、伝わりやすくしようと、文章構成のテンプレートを用いるケースがあります。この文章構成のテンプレートは、しばしば「話法」という呼び方もされます。ホールパート法やPREP法、SDS法、ナンバリング法など様々なテクニックがあります。個々の説明は長くなるので省きます。興味のある方はネットで調べてみて下さい。

ここで言いたいのは、話法を使う時の注意点です。「話法」は伝えたいことをコンパクトに効率よくまとめられる方法です。しかし、**話法に囚われすぎて一字一句暗記しようとすると、先ほどの棒読み政治家と同じ状態になってしまう**のです。

スピーチする時には、一字一句、原稿を覚えようとせず、「3項目の箇条書き」で覚えることをお勧めします。

何故3項目なのかといえば、座りがいいからです。三位一体、三原則、三すくみ（じゃんけん）など、昔から**3という数字**は重宝されてきました。一説によれば、人間が瞬間的に覚えていられる選択肢の数は3～7項目のようです。

聞き手が理解して覚えているということは、話し手にとっても楽に覚えられるということです。**話したい内容が3つで収まらなければ、それぞれの大項目の下に中項目を作り、そこでも3項目になるように構成すればいい**でしょう。

箇条書きにして、話す内容をもし間違えたり、飛ばしてしまったりしたら、どうするのでしょうか？

安心して下さい。大丈夫。聞いている人はあなたの原稿を知りません。間違えたな、飛ばしたなと気づいたら、「ブリッジトーク」（168p参照）で元に戻す方法があります。

もっと身も蓋（ふた）もないことをいってしまえば、聞き手はあなたが話した内容を一字一句覚えているわけではありません。ポイントとなる情報と終わった時の「トータルとしての印象」しか覚えていないのです（**ピーク・エンドの法則**）。

つまり、原稿を覚えて、一生懸命に間違えないように話すと、聞いている人には「すごく棒読みだったなぁ」「めちゃくちゃ緊張していたなぁ」という印象しか残らないのです。

であれば、**伝えたいポイントと順番だけを覚えておいて、あとは聞き手と向き合い、語り掛けたほうがよほどいい印象が残ります。**

さぁ、今すぐ原稿を手放しましょう。

誰かに何かを伝えることや、みんなの前で自分の意見や考えを発表することは、本来、ものすごく楽しいことなのです。もっと自由に、もっと楽しみながら伝えてみましょう！

ここまで読んでくれてありがとう

おわりに

なぜ、私がこんなにも伝え方にこだわっているのかといえば理由があります。

私は入社して4年目の時に東京から大阪に転勤になりました。業務内容も資産運用から企業のリスクマネジメントとガラリと変わりました。土地柄も、課のメンバーも変わりました。そんな中、私はその環境に慣れる前に日々の業務に飲み込まれてしまいました。

誰にも相談できずSOSを出せないまま、仕事を抱え込んでしまい、勝手に持ち帰り、残業を繰り返し、1週間に土日を含めて7時間しか寝ていない週がありました。

当然のことながら、体調を崩し、3週間入院しました。ずっと点滴を打ちながらも、当時は何がいけなかったのか、わかりませんでした。退院後も取引先や課のメンバーに迷惑をかけてしまった負い目から、人間関係がうまくいかず、逃げるようにして退社しました。

その後、声優養成所を経てお笑い芸人になったのですが、そこで演技やお笑いのノウハウを学ぶうちに**「これ、サラリーマン時代に知っていたら、もっと楽に、もっと楽しく仕事ができたのに…」と思うことがたくさんありました。**ただ、もう手遅れです。

いや、手遅れではない！　もしかしたら、当時の私と同じような思いをして悩んでいる人がいるかもしれないと思い返しました。コミュニケーションの大切さを改めて痛感しました。そこで**過去の自分に教えてあげるつもりでこの本を書きました。**

私は睡眠不足で倒れたので、社会人が忙しくて余裕がないことを痛いほど知っています。ですから、〝**なるべく簡単に**〟**できる『ちょい足し』にこだわりました。社会人は精神的に余裕がないことも知っていますので、サクサクと楽しみながら読めるように工夫したつもりです。**

最後にここまでの気づきを与えてくださった皆様に感謝をしたいと思います。

サラリーマン時代に面倒を見て下さった方々、ザ・ニュースペーパー時代にお世話になった演出の寺田純子様、私を講師として育てて下さった大谷由里子様、この本を出すきっかけを与えて下さった石川和男様、最後まで執筆を励まし、全然乗り気でない私をなかば無理やり漫才の祭典「M－1」の予選出場まで巻き込んでくださった中尾淳編集長、本当にありがとうございました。あなたがもっと楽に、もっと楽しく生きられるために、この本が少しでも役に立てば嬉しく思います。

２０２３年9月吉日

桑山　元

〈 + CHOITASHI + INFORMATION 〉

桑山元の公式LINEはこちら

講演会や舞台の情報はもちろん、SNSで流さないレアな情報や裏話、どうでもいい情報などを気まぐれに配信しています。

桑山元の公式ホームページはこちら

桑山元のプロフィールや俳優業や司会、講演会の実績なども掲載。講演会の依頼もこちらで承っております。

桑山　元（くわやま　げん）
お笑い芸人、研修講師、俳優、講演家。
早稲田大学卒業後に損保会社に首席として入社。新入社員代表の答辞を務める。資産運用担当者として入社2年目にして1,000億円を運用。その後、法人営業としてメインバンクを担当。営業時代に過労で身体を壊し、3週間入院。5年4カ月勤めた後、同社を退社。声優養成所を経て、社会風刺コント集団ザ・ニュースペーパーに19年間在籍。一時期、コントが書けないスランプに陥り、小説の書き方を学ぶために作家に師事した。その際に「笑い＝人の心を動かす」とは何かを考え、心理学や催眠術、マーケティングに見る購買心理など行動経済学的な分野まで広げて学び始める。ザ・ニュースペーパー時代にはコント出演の他に脚本執筆やUSOニュースのコーナーも担当。先輩たちのボケやツッコミのテクニックを必死に学ぶ。特にUSOニュースのコーナーでは「いかにわかりやすく伝えつつ、オチを読まれないか」を徹底的に鍛えられる。
2022年2月にザ・ニュースペーパーを退団した後は、お笑い芸人（俳優）と研修講師の二刀流として活動。特に講師分野では、ニュースを笑ってもらえるコントにするために培った「噛みくだき」「シンプル化」「意外なたとえ方」などのスキルを武器にして、ビジネスマン経験とお笑い芸人経験を併せ持つ稀有な存在として重宝されている。

すぐに使える！
おもしろい人の「ちょい足し」トーク＆雑談術
お笑い芸人・話し方講師の二刀流が教える　56の絶対ウケる法則

2023年11月1日　初版発行

著　者　桑山　元
発行者　杉本淳一

発行所　株式会社日本実業出版社　東京都新宿区市谷本村町3−29 〒162−0845
編集部　☎03−3268−5651
営業部　☎03−3268−5161　振　替　00170−1−25349
https://www.njg.co.jp/

印刷・製本／中央精版印刷

ISBN 978-4-534-06055-6　Printed in JAPAN

日本実業出版社の本

下記の価格は消費税(10%)を含む金額です。

「他人に振り回される私」が一瞬で変わる本
相手のタイプを知って“伝え方”を変える
コミュニケーション心理学

山本千儀
定価 1540 円(税込)

生まれ持つ気質を中心にイラストで、【もう、他人に振り回されない!】術を解説。人間関係(パートナー、コミュニティ、上司部下、親子、HSP など)が気になる人へ。

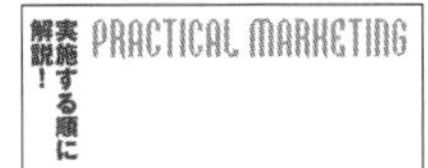

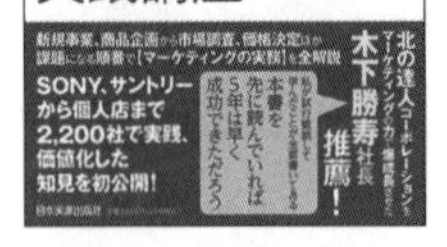

実施する順に解説!「マーケティング」実践講座

弓削 徹
定価 2200 円(税込)

現場で起きる課題の順番に何をすればいいかを解説。マーケティングを実施する順に、市場調査からネーミング、価格決定、流通チャネルなどまでを網羅、徹底解説!

バズる! ハマる! 売れる! 集まる!「WEB文章術」プロの仕掛け66

戸田美紀/藤沢あゆみ
定価 1760 円(税込)

基本から実践、セールス直結の文章術、タイトルの付け方、キーワードの探し方、SEO 対策、コミュニティの作り方まで、キャリア 20 年超のプロの WEB 文章術!

定価変更の場合はご了承ください。